Ⓢ新潮新書

ニコラ・ベルベ

Nicolas Bérubé

土方奈美［訳］

年1時間で億になる 投資の正解

1062

新潮社

ペネロペ。僕の目を開かせてくれるあなたへ

日本の読者のみなさんへ

最初にはっきり申し上げましょう。本書を読めば手っ取り早い解決策や成功が手に入るわけではありません。みなさんが億万長者になることを保証するわけでもありません。そんなことを確約できる本など存在しないでしょう。

この本で描いたのは一つの旅の物語です。僕自身が資産運用の知識と能力を手に入れ、最終的には自分と家族のためにより良い未来を手に入れるために歩んできた旅路です。

執筆を始めたとき、僕のなかには明確な目標がありました。投資に関心を持つ人々の株式市場への理解を深め、一見恐ろしいこの世界をわたっていくための最新のツールと正しいマインドセットを提供することです。このメッセージの可能性に気づき、日本の読者へつないでくださった新潮社には心から感謝していますし、日本で本書を出版できることを大変嬉しく思っています。

本書は中立的立場からの入念な研究に裏づけられ、時の試練に耐えた原則に基づいたガイドブックです。地図といってもいいでしょう。とりわけ強調しているのが教育、辛抱強さ、規律ある意思決定の大切さです。いずれも長期的に富を蓄積していくうえで不可欠の要素です。

株式市場は新しく変化の激しい〝今時《いまどき》〟のものに思えるかもしれません。でも実は400年以上の歴史があります。そして成功のカギは昔からあまり変わっていないのです。本書を読めばわかるはずです。

僕の母国カナダやアメリカなど多くの国々とさほど違いはないと思いますが、新NISAの導入といった近年の動きから、日本でも個人の資産運用をめぐる状況が大きく変わりつつあると聞きます。若い世代を中心に金融リテラシーが必要という認識が高まる一方、恐れや不確実性、必要なアドバイスが得られないといったさまざまな要因から、人々の認識と行動のあいだにはまだギャップがあることも変わらないかもしれません。

残念ながら、こうした事情から多くの人が投資を始めるのを先延ばししてしまいますが、これは間違いです。本書で明らかにしていくように、時間は投資の世界における私たちの一番大切な味方なのですから。僕自身が本格的に投資を始めたのは30代のはじめ頃ですが、時計の針を巻き戻せるならティーンエイジャー、いや、もっと早くから始めたかったくらいです。

投資の目標は老後に備えること、子供の教育資金を貯めること、あるいは経済的安全を高めることなどさまざまでしょう。いずれにせよ本書で説明する原則がみなさんの背中を押し、それぞれの投資の旅路のお役に立てばと願っています。長い旅路のあいだに、ぜひ何度も繰り返し本書に立ち戻っていただきたいものです。

原著のタイトルに「億万長者《ミリオネア》」という言葉を入れるかどうかは慎重に検討しました〔本書の原題は*From Zero to Millionaire*〕。「ミリオネア」とは単に金銭的目標というだけでなく、気持ちのありようを示します。高みを目指し、投資家には必ず訪れる厳しい局面に耐えるための激励の言葉でもあります。「雨が降らなければ虹もかからない」ということわざがありますが、投資にはリスクが伴います。でも投資しないことのほうがリスクははるかに大きいと僕は考えます。長期的に資産を増やすことができなければ、自らの時間や運命を完全にコントロールできるようにならないことは〝保証〟できます。

僕にとって投資は、単にコンピュータ画面上の数字を追いかけることではありません。高価な買い物をして家族や友人にマウントをとるためのものでもありません。

投資は僕に給料だけでは得られない経済的安全を与えてくれるもの、自分が大切に思う活動を支援したり、好きなように時間を使ったりする自由を与えてくれるものです。投資という旅路を通じて、僕は忍耐、レジリエンス、そして良い時も悪い時も冷静であることの重要性を学びました。

金融ジャーナリストであるモーガン・ハウセルは言っています。「資産が与えてくれる最大の配当は、好きな時に好きな人と好きなことを好きなだけする能力である」と。

ミリオネアになる道のりは明確ではなく、人によって異なるでしょう。ただ本書で説明する投資家に求められる自己規律、インデックスファンドやＥＴＦを使ったパッシブ投資といった原則は普遍的なものです。投資余力が１ドルであろうと１００万ドルであろうと同じようにあてはまります。

本書を通じてみなさんが自らの経済的未来をコントロールする力、不安を自信に、夢を現実に変える力を手に入れていただければ幸いです。

二〇二四年七月

ニコラ・ベルベ

はじめに――あらゆる投資家が失敗してきた

そのうちついにたまりかねて、私はホームズの音楽談義をさえぎった。「きみはどうやら目前の問題について、さっぱり頭を悩ませていないみたいだね」

「まだ判断の材料がないからね」と、彼は答えた。「具体的な証拠がそろわないうちに、論を立てようとするのは大きなまちがいだよ。それは判断をゆがめるおそれがある」

――アーサー・コナン・ドイル『緋色の研究』（深町眞理子訳、創元推理文庫）

オレは投資家じゃない。まわりからは「おカネに働いてもらえ」とよく言われるが、オレは自分が働くことにしたんだ。カネにはのんびりしてもらう。

――コメディアン、ジェリー・サインフェルドナイトテーブルに積みあがった本が、寝ている間に頭上に崩れ落ちてきそうだったが、そんなことは気にもならなかった。一攫千金のチャンスが目の前にある。

当時33歳の僕は、アメリカ西海岸の大都会ロサンゼルスのヒップなシルバーレイク地区に住んでいた。そして確信していた。株式市場はまもなく暴落する、と。

ときは2010年。アメリカ経済は奈落の底へ一直線だった。1930年代の大恐慌以来の金融危機の嵐が吹き荒れ、ウォール街では大手銀行や投資会社をクビになった何百人もの従業員が、段ボール箱を抱えてうつろな目でオフィスビルを後にしていた。僕の自宅周辺でも、数えきれないほどの商業スペースに「売り物件」「空き物件」の札が出ていた。アメリカは明らかに、それも底なしの下降局面に入っていた。

株式市場はいったん暴落した後、ほんの数カ月で60%という驚異的な回復を見せていた。ただ、この急上昇には実体がなく、再びさらに深刻な調整〔相場が短期的に上昇したり下降したりして本来の適正な価格を取り戻すよう動くこと〕が始まるという見方をする者が多かった。僕もその一人だ。

僕は金融危機に関する本を読み漁ったところだった。そこにはマイケル・ルイスの『世紀の空売り——世界経済の破綻に賭けた男たち』[1]やグレゴリー・ザッカーマンの『史上最大のボロ儲け——ジョン・ポールソンはいかにしてウォール街を出し抜いたか[2]』など、目端《めはし》が利く投資家がいかにアメリカの住宅バブル崩壊を予想し、大儲けするポジションを築いたかを描いた作品も含まれていた。市場が堅調なあいだは周囲の嘲笑を耐え忍び、その後の暴落によって賢明なビジョナリー、先見性のある投資家であることを証明したへそまがりたちの物語に、僕は魅了された。

今度は僕がそのビジョナリーになってやろうじゃないか。

ちょうどモントリオールに持っていたアパートを売却して1万ドルの利益が手に入ったところだった。そこでこの全額を「ウォール街は暴落する」というシンプルなアイデアに賭けることにした。

賭けを実行に移すため、プットオプションを購入した。連動する株式の価格が下落したら、価値が上昇する金融商品だ。そのためにシカゴ株式取引所で取引可能な証券口座を開設しなければならなかった。

経験が不足していたので、自分と同じように市場暴落に賭けようとしている金融ライターやブロガーのやり方を学んだ。市場が自分に有利な方向に動いたら、すぐに資金を追加する腹づもりだった。その他大勢には見えないものが見えている、そんな選ばれし者だけが持つ意欲と決意で満ち溢れていた。

初日から損が出た。

証券口座を確認するたびに心臓が止まった。虎の子の1万ドルは数百ドルずつ目減りしていった。株式市場は頑なに暴落を拒んでいただけでなく、むしろ上昇しつづけていた。

だが、そんなことでひるむつもりはなかった。かすり傷も負わずして山など登れるものか。

2~3カ月経つ頃には、結果は明白になっていた。僕はしくじったのだ。売却を決めた時点で、購入したオプションの価値は数百ドルまで減っていた。株式市場への投資が試験なら、返却された答案に大きく赤字で「0点」と書いてあったようなものだ。

みなさんにとって1万ドルが大金かどうかはわからないが、僕にとってはこれほどわずかな期間で1万ドルを失うという経験はあまりにつらくて、ちょくちょく思い返した。

今でも理由はうまく説明できないのだが、僕は金融市場とすっぱり縁を切るのではなく、その仕組みを理解しようと決意した。

それからというもの、僕は金融や投資に関する資料を読むのに何千時間も費やしてきた。モニッシュ・パブライ、モーガン・ハウセル、アンドリュー・ハラム、ピーター・

アデニー（「ミスター・マネー・ムスターシュ」のペンネームで活躍する大人気ブロガー）など、時代を代表する投資家や金融ライターにインタビューする機会にも恵まれた。市場の歴史を知り、大方の投資家が犯す失敗について、また長期投資を実践するための有効性が証明された方法について学んだ。ウォーレン・バフェット、チャーリー・マンガー、ベンジャミン・グレアム、ジョン・ボーグルといった史上最も偉大な投資家に数えられる人々をはじめ、金融界の巨人たちの人生や書物にもじっくり目を通した。僕が株式市場の暴落でひと儲けしようと企んでいるあいだに、バフェットとマンガーは駄菓子屋に足を踏み入れた子供のように、両手いっぱい株式を買い込んでいたのだ。

手っ取り早く金持ちになろうとして、過去400年以上にわたって蓄積されてきた株式投資で成功するためのルールを自分がことごとく破っていたことにも気づいた。

株式市場はカジノでもなければ、度胸や策略を競い合うゲームでもないことを知った。何世代にもわたり、一攫千金を目指した者たちが僕と同じように辛酸をなめてきたことも。

そして不毛だと思っていたこの世界が、個性的なキャラクター、巨万の富を築いた話や失った話、ありとあらゆる人間の感情にあふれ、それらの魅力が金儲けという史上最強の媚薬によって10倍増になっていることを知った。
とてつもない失敗から2年後、僕は投資を再開した。今度は後悔することはなかった。またこの間、あらゆる投資家が失敗を犯してきたことを知った。あのウォーレン・バフェットでさえ、知識も経験もなかった20代の頃に不運な投資によって資産の2割を失ったことがあるという。
煙のように消えたその20%が残っていたら、今頃数十億ドルの価値になっていたはずだ。「かなり大きな失策だった」と自らジョークにしている。[3]
本書の目的は、みなさんが優れた投資家になる前に何千ドルも失うような事態を防ぐことだ（すでに失ってしまったという方には申し訳ない。人生、ときには高い授業料を払わなければいけないこともある）。

なぜ自分の投資は行き詰まっているのか？
フランス語で書いた僕の処女作 *Les Millionnaires ne sont pas ceux que vous croyez*『ミリオネアはあなたが想像するような人たちじゃない』のテーマは、財産とは昇給や年に一度のボーナス、あるいはおいしい儲け話がもたらすものではない、ということだった。

それは今手元にあるお金で、今日何をするかで決まる。

本の出版後、何度か講演をした。毎回プレゼンを終えると、話を聴きに来てくれた人たちと30～40分ほど対話した。

インタビューした大富豪の人生について聞かれたり、プレゼンで見せた統計データについて説明を求められたりするのかと予想していたが、そんな質問は一切出なかった。挙手した人はみな、株式市場にどうやって投資したらいいかを知りたがった。

講演会から帰宅するたびに、こういう対話が持ててよかったと思う反面、軽いめまいもした。僕の話をきっかけに投資を始める人たちがいるかもしれない。遠いどこかに美しい国があるぞと伝え、リュックを背負ってハイキングブーツを履き、旅に出ろと促したようなものだ。それが正しい決断であることはわかっていた。その道のりで困難、疑念、恐れに直面することも。それは僕自身がかつて経験し、今も日々経験しつづけていることだ。

本書を書くことにしたのは、こうした理由からだ。

投資について語るなかで、この分野にはたくさんの作り話、先入観、いかがわしい思想がうずまいていることに気づいた。お金は常に怪しげな戦略を引き寄せる磁力を発している。

世界でかつてないほどの人々が株式市場に投資するようになった今、多くの投資家が自分は何か大切なことを見落としているのではないかと感じていることに気づいた。友人や同僚がうまくやった話を聞きながら、なぜ自分の投資は行き詰まっているのだろうと首をかしげる人は多い。もっとキラキラした会社の株を買ったほうがいいのだろうか。ファイナンシャル・プランナーやポートフォリオ・マネージャーを変えればいいのか。長期的に爆発的な値上がりが見込めるような株を見つけられる特別な誰かを探すべきだろうか。本書ではこうした疑問に答えていく。

投資はシンプルな営みなのに、自らの存在を正当化しようとする業界がよってたかって難しくしている。だからここでは僕が痛い目に遭いながら学んだ重要な教訓をお伝えしていく。みなさんが同じ失敗を繰り返さないように。

年1時間で億になる投資の正解Ⓢ目次

序章　なぜ皆「アメリカ経済は崩壊する」などと言うのか？

何を警戒すべきかわからない者には、すべてが不穏な予兆に見える。
――カナダの宇宙飛行士クリス・ハドフィールド

「アメリカはもうおしまいだろう」

10年前、サンフランシスコのレストランで一緒に昼食をとっていた友人が言った。まわりではおしゃれなリラックスウエアに身を包んだお客たちに、若いウエイターがせっせとフェアトレード・エスプレッソやグルテンフリーのパンを運んでいた。店の入口近くには色とりどりの専用ケースに入ったヨガマットがまるで健康と自己実現の神への貢《みつ》ぎ物のように積み上げられていた。

僕はアメリカの将来を楽観していると話したばかりだったが、友人の見立てはどうやら違うようだった。

「ウォール街がなんとかやっていけているのはドル安のおかげだ。ドルにはもう金《きん》の裏づけがない。アメリカ経済は崩壊する。避けようがない」

「金ドル本位制が廃止されて、もうずいぶん経つよ」と僕は言った。

「そうさ。でも世間はようやくその事実に気づきつつあるんだ」

キミは大災害に備えて地下室に缶詰を買い込んでおくタイプかい？　と僕は尋ねた。

「1年分の食料はある」と友人は答えた。

僕はハッシュドポテトを一口かじった。友人の背後では、女性がBMWのステーションワゴンを歩道沿いに停めようとしていた。

「僕は常に最悪の事態に備えているんだ」と言いながら友人は苦笑した。

「金《きん》は買ってる？」と僕は尋ねた。

「もちろん。ただ、金《きん》を買うなら現物じゃなきゃだめだぜ。それ以外は意味がない。今は買った金《きん》の保管場所を探しているところだ。ところでアメリカがなぜアフガニスタンに派兵したのか知ってるかい？　レアアースがあるからなんだ。アフリカのマリも同じだ。ほんのひと握りのファミリーが世界の金融システムを牛耳《ぎゅうじ》っている。彼らがウォール街を支えているんだ。それがすべて崩壊することになる」

そんな会話から10年が経った。この間、アメリカの株式市場（世界の株式市場の時価総額の半分以上を占める）の時価総額は4倍になった。企業の生産性や利益とともに拡大の一途をたどってきた。

一方、金《きん》価格はあの昼食の日より低い水準にある。

友人はハイレベルな仕事を求められるサンフランシスコのテック企業で働く優秀な男だ。世界でも指折りの魅力的な都市の、とびきり裕福な地域で豪邸に住んでいる。

このエピソードを紹介したのは、友人の間違いをあげつらうためではない。「はじめに」でも書いたように、僕自身も株式市場の劇的な暴落を予想し、すんでのところで投資家として早すぎる死を迎えるところだった。

そうではなく、この話を紹介したのは誰かと株式投資の話をすると、たいてい不安を煽るようなことを言われるからだ。「あんなのは博打《ばくち》だ」とか「もうすぐ暴落するぞ、目を覚ませ！」とか。

数年前、とあるクリスマスパーティで僕は親戚から「株式市場の終末が迫っている」

と告げられた。

「私は持ち株を全部売ったよ」。彼は光輝くツリーの前でビール片手に語った。「株価はもうずいぶん上がったし、いろいろな記録を塗り替えている。悪い予感がする……。次の暴落はかつてなかったほど悲惨なものになるだろう」

数カ月後には、近所の人にも同じ不安を打ち明けられた。「アメリカはひどい目に遭うだろう」と。

フタを開けてみると、彼らは完全に間違っていたわけではなかった。その後、市場では確かに下落する局面もあった。だが現時点で株価は彼らが不吉な予想を語ったときより高い水準にある。

これだけではサンプル数が少なく、一般化できないのは認める。だが僕の周囲では、自分の直感に従えば株式市場の未来がわかると考えるのはたいてい男性だ。しかもここに挙げた例のように高学歴で有能で、それぞれの専門分野で誰もが羨むような成功を収めている人ばかりだ。

この「市場の混乱が迫っている」という予感には、どれほど勇気ある者も、どれほど経験豊富な市場のプロも負けてしまう。

だが、この予感にはまったく意味がない。その理由を説明しよう。

投資家のスーパーパワー

投資というのは奇妙な営みだ。それは「権利の放棄」に根差している。投資するとは、未来により多くのお金《かね》を手にするため、現在お金を使うのを諦めることだ。

なぜ投資をするのか。

むしろ、こう問うべきだろう。私たちに投資をしないという選択肢はあるのか、と。

公的年金や年金保険は雇用主からの退職所得を補完するもの、つまりそれだけで老後生活を支えるものとして設計されていない。しかも魅力的な退職金制度を持つ雇用主は減少している。自営業者や起業家なら、仕事を引退した後も数十年続くかもしれない人生を支える資金は自分で手当てしなければならないことは言うまでもない。

投資にはリスクがともなう。だが投資しないことのリスクはそれ以上に大きい。月々の収入をすべて使い切らずに金融資産を購入することで、私たちは自由を手に入れ、生涯にわたって享受することができる。

1年仕事を休んで旅行をする、銀行から借金をしないで車や不動産を買う、思いがけない出費にさっさと対応する、困っている人々にまとまったお金を寄付する。投資家になることで手に入るスーパーパワーの例だ。

投資は学校教育では習わない。だから投資は複雑でリスクが高く、つかみどころがないと思い込んでしまい、本当はきわめて簡単で、ほとんどの人の手の届くものであることに気づかない人が多い。

その結果、もっと良い投資先があるのに戸建て住宅やアパートを購入し、ローンを払う。住宅用不動産がもたらす利益とは比較にならないほど大きな資産を手に入れる機会をみすみす手放しているのだ。

自宅を売却したときの利益に度肝を抜かれるのは、ほとんどの人にとって数十万ドル、あるいはそれ以上のお金を目にする機会が他にないからだ。比較対象がないために、住宅への投資（たとえそれが控えめなものであっても）は多くの人を魅了しつづける。

著名な投資家のウォーレン・バフェットは、現在暮らしているネブラスカ州オマハの自宅を1958年に購入した。そのときの対価は3万1500ドルだった。その家の現在の評価額は70万ドルだ。だが1958年にその3万1500ドルを株式市場に投資していたら、今日の価値は2300万ドルになっていたはずだ。

40%

アメリカのトップ１％の富裕層は総資産の40%を株式や投資信託に投資しているのに対し、下位50%では総資産に占めるこうした投資商品の割合は平均わずか２%だ。

バフェットが豪邸を買い漁ることではなく企業の買収に生涯を費やしたこと、そして彼が今の自宅を「バフェットの過ち」と呼んでいるのも当然だろう。

富裕層がその他大勢より速いペースで富を蓄積しているのは、資産の大部分を雨風をしのぐための家屋というかたちで寝かせていないからだ。株式、投資信託、債券などの金融資産を買うことで、ますます豊かになっている。

このような不動産以外の資産に投資する資金力や人脈を持つのは、富裕層に限られていた時代が長かった。だが、今は違う。確かに資金が乏しいのは投資の妨げにはなるが、克服できない障害ではない。20歳のときに1日5ドルのペースで投資を始めれば、退職するときにはミリオネア（資産100万ドル以上の億万長者）になっている。それも不要なリスクを背負わずに。投資新聞を読む必要もなければ、金融オタクになる必要もない。

偉大な投資家になるためにビジネススクールを卒業するには及ばな

い。むしろビジネススクールから縁遠い人ほど、資産を増やす潜在能力は大きい。本書を読めばそれがわかるだろう。

株式投資の指南本の多くは、投資家が有望な企業を見分ける方法を学べば、周囲に差をつけ、長期的に資産が増えるようなポートフォリオ（資産の構成）を組めるようになるという前提に立っている。

とはいえ上場企業の企業価値より、投資家自身の感情や行動のほうが、投資の成否に大きな影響を与えることが研究によって明らかになっている。

さらに最新の研究では、儲かる株式を探すのに労力や時間をかけるほど、儲からなくなっていくことが示されている。

本書を読むと、干し草の山のなかから1本の針を探し出そうとするより、干し草の山をそっくり買ってしまったほうが得《とく》であることがわかるだろう。ピンと来る投資戦略ではないかもしれないが、効果があり、投資家として世界トップグループの仲間入りを果たすのに役立つものだ。高級車を乗りまわし、高層ビルのオフィスから何百万ドルという資産を運用する高収入・高学歴の金融のプロをも凌ぐ運用成績をあげられる。

本書では金融のプロよりリターンが高く、市場が荒れたときの落ち込みも少ない投資方法を教えよう。しかも運用管理にかける時間は年1時間にも満たない。

それを読んだうえで、やはり投資はプロに任せたいという人向けには、手数料が明快かつ合理的で、雇用主である巨大金融機関ではなく投資家の利益を最優先してくれるような人材を選ぶ方法も示す。

投資のウソと虚構

本書に一貫したテーマがあるとすれば、株式市場は投資家の資産を増やす仕組みとして人類史上最も有効なものだが、世の中には株式市場にまつわる虚構やウソがあふれているため投資家に誤解されがちだという事実だ。

第1章では、何世代にもわたって投資家が株式バブルに足をすくわれてきたこと、かのアイザック・ニュートンもその魔手を免れなかったことを見ていく。第2章では特定の株式銘柄を選択して投資することは、たとえ選び手が市場のプロであっても、ほぼ間違いなく残念な結果につながる理由を示す。

第3章、4章はインデックスファンド（指数連動型投資信託）がどのように生まれたか（そして嘲笑の的になってきたか）を振り返る。第5章と6章では医者や歯医者が投資では落ちこぼれになりやすい理由、そしてメディアの言うことを聞いても金持ちにはなれない理由を見ていく。

第7章では、投資家なら必ず遭遇する市場の下落や暴落にどう対処すべきかを説明する。

第8章は一般的な金融アドバイザーを使って投資するのは、危険な外国のリゾートで法外に高いタクシーを利用するようなものだと僕が考える理由を説明する。第9章ではあなたがどの程度自律的に投資したいかに応じて、どのような投資法が適しているか、そして倫理的で責任ある投資をするにはどうすればいいかを具体的に書いていく。

僕は何もわかっていなかった

投資のノウハウを持って生まれてくる者はいない。そして残念ながら、身に付けてからこの世を去る人はごくわずかだ。

痩せたい人なら、冷凍庫にピザやフライドポテトを詰め込んでおくのはダメだとわかっている。身体を鍛えて持久力を高めたい人が、夜はソファに寝転がってタバコをふかすような生活を送りながら目標に近づいているとは思わないはずだ。

だがこと金融投資に関しては、多くの人が健康に配慮しているつもりでジャンクフードを食べるような行動をとる。金融機関や優れたアドバイザーを自任するプロも、そんな誤った認識を助長する。

栄養や運動の基礎知識とは異なり、学校教育で優れた投資の方法が教えられることはほとんどなく、政府の大々的な広報キャンペーンのテーマになることもない。親から子へと投資の知識が伝えられることも少ない。親自身が投資に明るくないことが多いからだ。メディアもときには優れた情報を伝えることがあるが、それは私たちを目標に近づけるというより惑わせるような情報の洪水のなかに埋もれてしまう。

大方の人にとって投資を学ぶのは、週末に車のユーザーマニュアルを引っ張り出して読むのと同じくらい気の進まない作業だろう。

「なぜあんなバカなことをしたんだろう」。自分自身に怒りを込めてこの言葉を発したことがない者は投資家とはいえない。

——金融ジャーナリスト、ジェイソン・ツバイクその結果、投資によって金持ちになりたいと思っている人がむしろ貧乏になるような手を打ったり、そこまでひどくなくても投資リターンが大幅に低くなるような行動をとったりする。

優れた投資方法は何十年も前から明らかになっている。だが研究者から一般の人々への知識の伝達はほぼ行われてこなかった。こうした伝えられてこなかった知見こそ、今みなさんが手に取っている本の主な内容だ（トヨタのユーザーマニュアルより興味を持っていただけると嬉しい）。

著名な心理学者のデビッド・ダニングにこんな言葉がある。「無知な人というのは空っぽの容器ではない。むしろそこには意味のない、あるいは誤った人生経験、理論、事実、直感、戦略、アルゴリズム、ヒューリスティックス〔「発見的手法」とも呼ばれる思考法。経験則〕、メタファー、予感などのガラクタが詰まっている。そうしたガラクタがあたかも有益で正確な知識のように見え、感じられるから質《たち》が悪い[4]」

耳の痛い言葉だ。僕も十数年前に市場が暴落すると確信して投資したとき、自分が間違ったことをしているという意識はまったくなかった。むしろ誰かに「おまえは何もわかっていない」などと言われていたら、反発していただろう。

でも本当に、僕は何もわかっていなかった。

「国家も人も、あらゆる失敗を経験するまで正しい解にたどりつけない」と言ったのは、イスラエルの外交官アッバ・エバンだ。投資家も同じだと僕は思う。

その理由を理解するために、まずは18世紀初頭のロンドン中心部にタイムスリップしてみよう。社会のエリートがこぞって謎めいた紙きれに夢中になっていた時代だ。

第1章　バブルは崩壊し、市場は収縮するものなのか？

思考はたやすい。
行動はむずかしい。
ただこの世で一番むずかしいのは、思考に従って行動することだ。
――小説家・科学者ヨハン・ヴォルフガング・フォン・ゲーテ

ニュートンの大損失

アイザック・ニュートン卿は一生に一度あるかないかの大チャンスを見送るような人間ではなかった。

1720年の初夏、ロンドン市街の気温が20度を超えたころ、万有引力の法則を生み出した人類史上最高の科学者の一人であるニュートンは、財産の大部分を南海会社の株式に突っ込もうとしていた。

その9年前にロンドンの知識階層が立ち上げた南海会社は、アメリカ大陸のスペイン植民地から奴隷や黄金を輸送する貿易ルートの独占権をイギリス政府に認められていた。当時のイギリス国王ジョージ一世が役員の一人に名を連ねたことも投資家の信頼を高めた。ほとんど利益は出ていなかったが、それでも国際貿易の拡大とともに確実に成長するであろう会社に投資したいと考える国民は多かった。ロンドンの街はこの胸躍る投資案件の話題でもちきりだった。

ニュートンが最初に南海会社の株式を買ったのは1720年2月のことだ。それからわずか2カ月で持ち株の価値は2倍になった。会社が投機熱に巻き込まれたと見たニュートンは早々に利益を確定しようと考え、同年4月19日に株を売却している。

だが株価はその後も下落するどころか上昇しつづけた。友人知人の財産は日々増えていくのに、ニュートンはもはやその恩恵に与《あずか》れなかった。

株式売却から2カ月後、ニュートンは慎重さをかなぐり捨てた。6月14日、財産のほとんどを南海会社の株式に再び投じることを決意する。

9月に南海会社で詐欺スキャンダルが勃発し、株価はあっという間に90％下落した。

国会議員を含む同社幹部の多くはロンドン塔に収監され、財産を没収された。「南海泡沫事件」と呼ばれるこのスキャンダルの余波は大きく、イギリスの金融市場は大打撃を受け、数十年にわたって企業形成の足をひっぱった。[5]

一説では南海会社の破綻によってニュートンが被った損失は2万ポンド、今日の価値にして2000万ドルとされる。[6]「天体の動きは予測できても群衆の狂気は予測できない」と偉大な物理学者は嘆いたという。

この大失敗にニュートンは深く傷つき、生涯人々が自分の前で南海会社の名を口にするのを許さなかったとされる。

どれほど合理的で聡明な人であっても、後から振り返れば明らかに投機とわかるものに巻き込まれてしまうことを物語るエピソードだ。

南海会社をめぐる投機熱は当時としては最悪の部類に入るが、その100年ほど前にもヨーロッパでは別のバブルが起きていた。チューリップ危機だ。

球根バブル

多くの歴史家が史上初の投機バブルと見る17世紀のチューリップ危機は、オランダ人のガーデニング熱の高まりに端を発している。当時最も注目され、人気を集めた植物が（中央アジア原産の）チューリップで、コンスタンティノープルから運ばれてくる球根は北ヨーロッパの寒い冬にも耐えられるというメリットがあった。

徐々にアムステルダムをはじめ各地の上流階級の庭にチューリップが植えられるようになった。庭師はチューリップ同士を掛け合わせて、新たに色鮮やかな縞模様の花を生み出した。商人は品種ごとの球根の価格リストを作成した。フランスを中心に需要が拡大し、価格が高騰したことから、1636年にはアムステルダムにチューリップ取引所が設立された。翌年にはとりわけ評価の高かった球根の価格が控えめな家を一軒買えるほどになった。事態がおかしくなったのはそこからだ。

スコットランドのジャーナリスト、チャールズ・マッケイは1841年に出版された著書『狂気とバブル――なぜ人は集団になると愚行に走るのか』[7]のなかで、当時の逸話をいくつか報告している。

ある水夫は船長の机の上にあった「センパー・アウグストゥス」という珍種の球根を小さな玉ねぎと思い込み、うっかり食べてしまった。「球根の値段は乗組員全員の1年分の食費を賄えるほどだっただろう」とマッケイは書いている。うっかり者の水夫は刑務所に送られた。

1637年には天文学的価格になった球根の新たな買い手を取引業者が見つけられなくなり、球根の価格が下落しはじめた。在庫を抱えていた投機家は一文無しになった。それまで安全な投資先だった球根の価格暴落はオランダ国民に衝撃を与えた。


過去数世紀の金融本のページを繰《く》れば、鉄道から鉱山会社、不動産、ビール、果ては19世紀末の自転車メーカーまで、何十という投機バブルの事例が出てくる。

そのなかでも最も重要なのは、1929年のウォール街大暴落につながった数年におよぶ信用投機だ。それはアメリカ経済への不信につながり、ドミノ倒しのように数百万人の身を滅ぼし、大恐慌の呼び水となった。ニューヨーク証券取引所に上場していた企業の価値は4年で56%下落した。それから100年近くたった今でも、このバブル崩壊の事例は世界の金融関係者を惹きつけてやまない。

5兆ドルが失われたITバブル

最近の投機バブルの一つが、20世紀の終わりに世界を襲ったドットコムバブル（ITバブル）だ。当時、投資家は顧客もいない、製品もできていない、収益化の見込みもかなり危ういテック企業にこぞって投資していた。

彼らの気持ちはよくわかる。僕もその一人だったからだ。

20代前半だった僕はアウトドア雑誌の記者として働いていた。まさに夢のような仕事だった。あちこちへ旅をし、アウトドアギアを試し、テンジン・ノルゲイをシェルパに雇って世界で初めてエベレスト登頂を果たしたエドモンド・ヒラリー卿や、世界14の8000メートル級の山々を初めて制覇したラインホルト・メスナーのような大冒険家をインタビューする機会に恵まれた。

ただ当時、ときにはアウトドアの世界以上に僕の心をとらえて離さないものがもう一つあった。インターネット企業だ。

アウトドア雑誌の編集長だった上司のステファニーと僕は、ネットグラフという会社に投資しはじめた。設立まもないカナダの上場企業で、インターネットの力を活かして主流派メディアをぶっ潰す、と宣言していた。

ほんの数カ月で僕らの投資した株の価値は2倍、さらに3倍に増えた。毎朝9時半に市場が開くと、僕らは株価の上昇に興奮してそれぞれのオフィスで「すげー！」「信じられない！」と歓声をあげた。

持ち株の価値が日々上昇していくのを見るのは最高の気分だ。ちょっと暗算すれば、増えたお金で新しい自転車を買い、半年分の家賃を払い、中古車を買い、さらには新車まで買えそうだとわかる。

当時メディアによく発言が報じられた人物の一人が、ウォール街の投資銀行メリルリンチで働く34歳のアナリスト、ヘンリー・ブロジェットだ。テック企業の成長はまだ始まったばかりで、利益拡大にともなってその隆盛は何年も続くだろう、と分析していた。ブロジェットが甘ちゃんだったわけではない。テック企業への熱狂が異常であることには気づいていた。ブロジェットの祖父は1920年代にひと財産を築いたが、それを1929年の大暴落と大恐慌ですべて失った。この家族の歴史を胸に、ブロジェットは年長の同僚に聞きまわった。歴史は繰り返すと思うか、1929年のような大暴落が起こる可能性はあるか、と。

「ほぼ全員が『いや、今回は違う』と口をそろえた」と後年振り返っている。[8]

ポートフォリオ・マネージャーのマーク＝アンドレ・タルコットもこの時期をよく覚

えている。20代前半だったタルコットは大手金融機関のディスカウントブローカー部門（低い手数料で証券売買を請け負う部署）のコールセンターで働いていた。インターネット取引が登場する前の、顧客が電話で売買注文を出さなければならなかった時代だ。

「新規客が増えすぎて、顧客が注文を出すまでに電話口で1時間も待たされるのもざらだった」。オールドモントリオールのオフィスで、タルコットは僕に説明してくれた。「待っている間に買おうと思っている会社の株価が上がってしまうものだから、みんな不機嫌だったよ。あるとき電話をとったら、顧客のいびきが聞こえた。あまりに長く待たされたから居眠りしてしまったんだ。なんとか起こそうとしたけれど、ぐっすり眠っていて電話を切るしかなかった」

得意客の一人に歯医者がいた。「『株を売買したくて大急ぎで患者の処置を済ませた』と言っていた。とんでもない話だ。株式市場があまりに儲かるものだから、みんな本業を副業のように扱っていたんだ」

だが投機家が値上がりしすぎたテック企業への投資を渋るようになると、過熱相場は下落をはじめた。買い手がいないため売り手は価格を下げざるを得ず、パニックの悪循環が起きた。

大手テック企業がそろって上場していたニューヨークのナスダック証券取引所の株価は2000年3月のピークから2年で75％下落した。ペット関連商品のネット通販を手掛けていたペット・ドットコムの株価は1株14ドルから0・19ドルに下がった。アマゾンという誕生したばかりのネット企業の株価は2年で90％下落し、消滅の危機に陥った。ドットコムバブルの崩壊で失われた企業価値は約5兆ドル。これは当時のアメリカのGDPの3分の1以上に相当する。

タルコットの市場暴落の記憶は、静寂だ。「顧客からの電話がぱたりと止まり、職場は静まりかえっていた。誰もが市場の回復を待っていたんだ」

常連客にとても人柄がよく、いつも礼儀正しい人がいたという。「彼の運用資産は100万ドルを超えていた。何カ月も電話がなく、ようやくかけてきたときには7万ドルになっていた。そんな話がごろごろしていた。悲惨だったよ」

上司と僕がネットグラフの株を売却したのもその頃だ。株価のピークではなかったが、底でもなかった。上司は売却益で自宅を改装した。僕はコンピュータなど電子機器に使った。

ドットコムバブルの経験を通じて、僕は株式市場はカジノのようなところだという印象を持った。「僕のかかわる世界じゃないな」と自分に言い聞かせた。

それから10年はビタ一文投資しなかった。

株式市場は「火遊び」か

若い頃の株式市場とのかかわりが、その印象を生涯にわたって決定づけてしまうこともある。

親戚の叔父さんが2000年代初頭のドットコムバブルで退職金をすっかり失ってしまったら、あなただって怖気《おじけ》づいて絶対に株式市場で「火遊び」などしないと心に誓うだろう。

新型コロナウイルス感染症のパンデミックが始まった当初の、あの劇的な株価下落が記憶に残っている人もいるかもしれない。午前の取引だけで平均株価が11％下落するような日もあった。1930年代以来の下げ幅だ。

1968年から1985年の間、株式市場の時価総額はほとんど上昇しなかった。90年代はひたすら上昇した。2000年代は暴落に次ぐ暴落。2010年代はロケット並みの急上昇、それが2020年の新型コロナ危機で一気に（一時的ではあったが）下落した。2022年も再び株価は下落した。

こうした市場の乱高下によって、ある事実が覆い隠されてしまう。株式市場は何世代にもわたって潤沢なリターンをもたらしてきたという事実が。あらゆるバブル、下落、大暴落を差し引いても、だ。

株式指数としてよく引用される、アメリカの主要30銘柄のパフォーマンスを測るダウ・ジョーンズ工業株価平均。1900年代が幕を開けたときは66ドルだったのが、100年後の1999年末には1万1497ドルになっていた。

配当金(企業が利益還元策として年に2~4回株主に支払うお金)を再投資したとして計算すると、20世紀の初めにダウ・ジョーンズ指数に含まれるようなアメリカを代表する大企業に1ドル投資していれば、100年後には1万8500ドル以上になっていた。

1ドルが1万8500ドルに化けるような市場に投資して、なぜ悲惨な目に遭うのか。

市場が仕掛けるワナにはまるからである。

アイザック・ニュートンと同じように、〝絶対に〟儲かる傑出した会社を見つけて虎の子のお金を突っ込む。あるいは有名な専門家が暴落は近いと言うのを聞き、〝嵐に巻き込まれないように〟投資した資産を売却してしまう。

大暴落が起きてからにしようと投資を先延ばしする。銀行や証券会社の利害が必ずしも自分と一致しないことに気づかず、言われるままに投資する。

投資家が自らの首を絞める行動について非常に興味深いのは、それが「変わらない」という点だ。世代は変わり、投資家の顔ぶれは変わる。でも行動は変わらない。

優れた投資法というのは、実はいたってシンプルなものだ。

たとえば親が生まれたばかりの赤ん坊のために、1日1ドルをアメリカの株式市場に投資するとしよう。

子供が20歳になったら親に代わって自分で1日1ドルの投資を生涯にわたって続ける。アメリカの株式市場が過去と同等の投資リターン、すなわち年率11・8％でまわったとしたら、この子供が65歳になったとき投資したお金はいくらになっているだろうか。

答えは480万ドルだ。

今度は2人目の子供が生まれたとき、親がすぐに1日1ドルの投資を始めず、子供が20歳になったとき自分で始めるとしよう。投資リターンが同じだとしたら、この子供が65歳になったとき、投資したお金はいくらになっているだろうか。

答えは50万ドルをわずかに上回る程度だ。

2人目の子供が65歳で引退するときに1人目の子供と同じ480万ドルを手にしたいと思えば、20歳から1日9ドル以上を投資しなければならない。

「シンプルさ」と「時間」が投資においてどれだけ重要か、よくわかるだろう。

僕がこの例をおもしろいと思うのは、早く投資を始めることがこれほど大きな差につながるというのは、直感的にはわかりにくいからだ。投資を始めるのを先延ばしするのは、最もダメージの大きい過ちの一つだ。

市場に潜む無限のトラップ

株式市場で凡人に勝ち目はない、と主張する人は多い。感情が邪魔をして凡庸なリターンしか得られない、資金はプロに任せるべきだ、プロにうまくやってもらおう、と。

プロのサービスを利用することが悪いとは思わないし、大方の投資家にとってはそれが最善の道だとさえ思う。とはいえ自らの失敗から学習し、賢いふるまいを身につけ、苦もなく自己資金を投資し、プロの投資家よりも相場変動の影響を受けず、高いリターンを得ることは可能だと僕自身が証明している。

投資の落とし穴を避ける術《すべ》を学ぶのもまた重要だ。資産運用を誰かに委ねるとしても、それでもまだ失敗の懸念はあるからだ。手数料を払いすぎる、最悪のタイミングですべての資産を売却してしまう、次々と投資商品を乗り換える、大失策をする、忍耐力を失う、など。

優れた投資家になるプロセスを通じて、人間としても完成されていくとさえ言い切れる。その場で瞬時に反応することがかつてないほど求められる今日、何か起きたときに反応するまでにひと呼吸おく習慣を身につけることは非常に難しいが、重要だ。

市場には無限のトラップが潜んでいるようだ。手を替え品を替え、あるときは同時に、さまざまな手を仕掛けてくる。私たちを「自分って天才？」といい気にさせたと思ったら、とんでもない愚か者の気分にさせる。投資家を苦しませた翌日に喜ばせ、翌月には怯えさせるというのが市場のお気に入りのゲームなのだ。

目指すのは完璧な運用成績ではない。完璧な投資家などというものは存在しない。重要なのは落とし穴を避けることだ。

それでは投資家が最初にはまる落とし穴の話をしよう。「レアな真珠《パール》の神話」だ。

第2章　じゃあ、「レアな真珠」を探せばいい？

失敗とは、やり直す機会にほかならない。それも前回よりもっと賢いやり方で。

——ヘンリー・フォード

僕がこれまで会う機会に恵まれた最高の投資家の一人がモニッシュ・パブライだ。

1964年にインド・ムンバイの労働者階級の居住区で生まれたパブライは、その冷静さ、マハラジャを彷彿《ほうふつ》とさせるごま塩ヒゲの風貌、そして株式市場での輝かしい実績で知られる。

幼いパブライの両親は複数の事業を立ち上げたが、いずれも失敗に終わった。「両親がすっからかんになるのを何度も見てきた。すっからかんとは明日の食べ物を買うお金も、家賃を払うお金もないような状況だ。両親から学んだ一番重要な教訓は、何があっても動揺しないことだ[9]」

19歳になったパブライはアメリカに移住し、コンピュータ・エンジニアリングを学んだ。1990年代にはコンピュータ・コンサルティングの会社を興し、その後2000万ドルで売却、ハーバード経営大学院に進んだ。以来、自らの投資ファンドで顧客から預かった5億ドルの資金を運用している。

モニッシュ・パブライは十数年前、ヒーローとして敬愛するウォーレン・バフェットと食事する権利をオークションで競り落とし、話題を呼んだ。パブライと同僚のガイ・スピアーがバフェットと食事するために支払った65万ドルは、女性の若手起業家を支援する慈善団体に寄付された。

数年前のある午後、僕はカリフォルニア大学ロサンゼルス校（UCLA）の10人ほどの金融専攻の学生に混じり、ロサンゼルスの南にある都市アーバインにパブライのオフィスを訪ねた。めったにインタビューに応じないパブライと会える。僕は胸を躍らせていた。

パブライはすぐに僕らの緊張をほぐしてくれた。にこにこして愛想がよく、自分の知識と知恵を若者と共有できるのが嬉しくてたまらないという様子で、読書や思索に使う

56%

世界の株式市場の時価総額に占める、アメリカの株式市場の割合（2021年時点）

日当たりのよい整然とした小部屋など邸宅内を案内してくれた。廊下の突き当たりには扉があり、その奥の小部屋にはベッドが置かれていた。「ここで昼寝をするんだ」とパブライは言った。「ほぼ毎日、午後にね。しっかり休息をとると頭がよくまわるからね」

数時間にわたって自らのキャリアを語ったり学生からの質問に答えたりしたあと、パブライはお気に入りの韓国料理店に私たちを招待し、スパイシーな焼肉を食べながらさらに対話を続けた。

私は市場の下落にも一切動じないんだ、とパブライは言った。2008～09年にかけての暴落の最悪期には、顧客から預かった運用資産の評価額が67%下落したという。ベア・スターンズやリーマン・ブラザーズのような巨大投資銀行がドミノ倒しのように倒産していった。

「それから何年も経ってから、2008年に投資家から送られてきた手紙を妻が見つけたんだ」とパブライは言った。「そこで67%の下落という事実を知った妻は仰天していた。『おかしいわね。あの年のあなたに変わったところなんかなかったわ。いつもとまるで変わらなかった』と言っていた。市場では時折、大規模な調整が起こる。それに対して私たちにできることは何もない。パニックしたって意味がないだろう？」

さらにパブライは、ウォーレン・バフェットと同じように投資対象が10銘柄を超えることはめったにないほど絞り込んだポートフォリオを構築しつつ、長年にわたって株式市場で輝かしい投資リターンをあげてこられた理由を説明した。興味を持った企業の財務諸表を徹底的に研究し、投資すると決めるまでは経営者とは話をしないという。相手の魔法にかけられたり、セールステクニックに騙されたりするのを避けるためだ。

ちょうど投資ポートフォリオに加えたばかりのある会社に話が及ぶと、パブライは興奮を隠さなかった。

亜鉛のリサイクルに特化したホースヘッド・ホールディングスという会社に数百万ドルを投資した、とパブライは説明した。亜鉛は多くの産業プロセスに不可欠で、世界経済の拡大とともに需要が増大していた。

ペンシルベニア州ピッツバーグに本拠を置くホースヘッド社は、これから爆発的に成長するとパブライは私たちに言った。「今5億ドルをかけて最新鋭の工場を建設しているんだ。北米にあんな工場はほかにない。景気回復の恩恵を享受する準備万端というわけだ」

僕はパブライの話に感動した。彼の主張はどこまでも明確かつ論理的で、幼児だって信頼して迷わず貯金箱をカチ割るだろうと思えた。

「僕の運用資産の20％をあの会社に投資したらどうだろう」。その晩、自宅に車を走らせながら僕は考えた。「いや、30％か？ ホースヘッドというロケットに乗っかって成層圏まで飛んで行っちまおう」

あの日、一緒だった学生たちとは連絡を取り合っていないので、ホースヘッドに投資した者がいるかどうかはわからない。ちなみに僕は、結局投資しなかった。

その判断を後悔はしていない。パブライとの会合から数年後、ホース・ヘッド・ホールディングスは破産を宣言し、同社の株価は90％下落した。

レアな真珠の神話

周囲の誰かを適当にとっつかまえて株式投資の方法を尋ねたら、こんな答えが返ってくるだろう。「そうだな、一番有望だと思う会社を選んで株を買い、あとはその会社が次のアップルやグーグルになるよう祈ればいいんじゃない？」

僕はこの考え方を「レアな真珠の神話」と呼んでいる。

この神話によると、投資家はみな水晶玉を持っていて、未来を読むスキルを持ち合わせた者は宝石を見つけられる。一方、未来を読めない者は失敗し、そのツケを払いながら生きなければならない。

みなさんの周りにもこの神話に騙された人がいるかもしれない。あなた自身がその一人かもしれない。

たとえば未来の可能性に賭けるというのはどうだろう。

今後数年にわたって世界を席巻するようなイノベーションを選び、その恩恵を享受するのに最適な位置につけている企業の株を買うのだ。小さなバイオテック企業、人工知能（ＡＩ）の企業、あるいは電気自動車の急成長にともなって需要が急拡大しているリチウム電池メーカーはどうか。

この投資方法の問題は、実績が惨憺《さんたん》たるものであることだ。未来の世界を変えるような発明を今日知ることができたとしても、その情報を使って金持ちになるのは難しい。

史上最も重要な発明の一つ、自動車の例で説明しよう。

20世紀初頭に自動車メーカーに投資した人々は、おそらく自分には未来が見えていると思ったはずだ。実際そのとおりで、今では14億台以上の自動車が世界の道路を走っている。

とはいえ自動車メーカーへの投資の多くは大失敗に終わった。アメリカでは20世紀に入って以降、2900社以上の自動車会社が登場したが、そのほとんどが消滅した。同業者に飲み込まれたケースもあるが、事業を支える収入が得られずに倒産したケースのほうが多い。20世紀が終わる時点で、アメリカの自動車メーカーとして生き残っていたのはわずか3社だ（そのうちGMとクライスラーの2社は2007～08年の経済危機の際、連邦政府の救済を受けてなんとか倒産を免れた）。

自動車に続いて、飛行機が数十億人の仕事や旅行のあり方に革命を起こした。航空業界の競争も激しく利益はほとんど出なかったため、投資家が望んだ結果を得られることはまれだった。

株式投資の話をしていると必ず誰かが大麻の話題を持ち出したのは、それほど昔の話ではない。僕の母国カナダが、中毒性の低いドラッグである大麻を合法化しようとしていた時期だ。大麻を製造していた企業の株価は急騰した。

大麻企業への投資が長期的に成功する見込みは低いと繰り返す僕に、双頭の怪物でも見るような目を向ける人は多かった。自分は金持ちになるための確実な方法を見つけたと思い込んでいたのだろう。誰のまわりにも、大麻業界に投資してほんの数カ月で資金が2倍、あるいは3倍になったという隣人やいとこがいた。

当時ニューヨークのナスダック証券取引所に上場していた国際的な大麻企業ティルレイの株価は148ドルだった。それが数年後には1株4ドルを切った。大麻が引き起こす空腹感を満たすことさえできないレベルだ。

こうした例からも明らかなように、世界を変えそうな企業を選んで未来に投資するのはそれほど簡単ではない。

筋が通っていて、必ず儲かる保証が付いているような投資も、残念な結果に終わることが多い。

新型コロナウイルス感染症のパンデミックが始まり、世界中がパニックに陥った頃には、ワクチンは開発できるのか、それも世界中の人を守るのに十分な量を生産できるのかは誰にもわからなかった。

先見性のある投資家が、ファイザーのような多国籍製薬会社が記録的な速さでワクチンを開発できると予見したとしよう。実際、まさにそのとおりになった。

パンデミックの始まった頃にファイザーに1万ドルを投資していたら、1年後には1万1900ドルになっていた。そのときには同社のワクチンを接種しようと世界中で数百万人が列をなしていた。

一方、パンデミックの最中に数百店舗を閉鎖したスターバックスの株に同じタイミングで1万ドルを投資していたら、1年後には1万4200ドルになっていた。ファイザーに投資するよりリターンは20％も多い。

投資をしていると本当にストレスがたまるのはここだ。

株式市場でのワクワクするような投資話を聞くと、僕はいつも経済学者バートン・マルキールの格言を思い浮かべる。「息せき切って話す人間からは絶対にモノを買うな[10]」。ウォーレン・バフェットも同じようなことを言っている。「拍手喝采を受けるような投資話には注意せよ。最高の投資はだいたいあくびが出るような話だ[11]」

バーのハッピーアワーではおよそ話題に上らないような、そしてメディアの注目を集めたり推奨銘柄になったりしないような退屈な会社が、株式市場では劇的に成長することがあるとバフェットは指摘している。

2000年代半ば、ドミノピザはニューヨーク株式市場に上場した。以来同社の株は数十年に一つあるかどうかのすばらしい成長を見せた。上場時に1万ドルで買ったドミノ株の価値は、15年後には37万ドルを超えていた。

この情報を手に、タイムマシンに乗ってドミノがＩＰＯ（新規株式公開）をした日に戻れるとしよう。そして家族や友人にこう伝える。「いいかい、何に投資するべきか教えてあげるよ。絶対にドミノピザの株を買わなきゃダメだ！」

おそらく笑いものになるだろう。

投資家はピザなんかに興味はない。バイオテック、リチウム電池、大麻関連株の話を聞きたいのだ。

そしてそうした銘柄と命運をともにする。

プロは驚異的なリターンを得られるのか

プロの投資家なら株式市場で長期にわたって驚異的なリターンを得ることができるのだろうか。

ほとんどのケースで答えはノーだ。それを裏付けるデータもある。

ニューヨークを本拠とする金融情報会社Ｓ＆Ｐグローバルが過去20年以上にわたり年

2回発表し、注目を集めてきたのが「S&P指数 vs アクティブファンド」レポート、通称SPIVAだ。

SPIVAはアクティブファンドの運用成績（パフォーマンス）をアメリカや世界各国の株式市場全体のパフォーマンスと比較評価している。要するにこのレポートを見れば、プロの投資家が他の人より先にすばらしい宝石を見つけ、市場全体よりも高いリターンを生み出すポートフォリオを組めているかどうかがわかる。ファンドマネージャーにとっては学期末に配られる成績表のようなものだ。

このレポートが興味深いのは、中立的な立場から同一条件で多数のファンドを比較しているところだ。インターネット上で簡単に見つかるレポートだが、多くのプロがクライアントとのミーティングで話題にしているかは疑わしい。

SPIVAの2022年中間レポートを見ると、プロが運用するアメリカの大型株ファンドのうち、過去1年の運用成績がS&P500指数を下回ったものの割合は55%、過去3年では86%、過去10年では90%だった[12]。中型株ファンド、小型株ファンドの運用成績も同じようなもので、成長株ファンドに至っては運用成績はさらに悪かった（その名のとおり「成長」をもたらすはずの商品だが……）。

S＆P500指数を読み解く

本書では俗に「アルファベットスープ」とも呼ばれる金融界の専門用語を使わないよう努めたが、完全に避けるのは難しい。ここで簡潔に説明しよう。

アメリカの株式市場のパフォーマンスについて語るとき使われるのは、最も権威ある株価指数であるS＆P500だ。この指数はニューヨーク証券取引所とナスダック市場（こちらも所在地はニューヨークで、アップルやグーグルといったテック企業の株が取引されている）に上場している、アメリカの大企業500社の株価の動きを反映している。S＆P500のリターンは驚異的だ。数々の暴落、市場の混乱、調整などの不幸な出来事を考慮しても、主要500社の価値は1957年以来毎年平均12％ずつ増大している。たとえば1957年にS＆P500に投資した1000ドルの価値は、本書執筆時点で150万ドルになっている計算だ。誤植ではない。150万ドル、である。

指数に連動するように投資するには、金融商品を販売する会社の手を借りる必要がある。S＆P500に含まれる会社の株で構成される「インデックスファンド（指数連動型投資信託）」と呼ばれる商品を提供している会社だ。一方、同じ銘柄で構成される指数連動型の上場投資信託（ETF）は売買も簡単で、毎年かかる手数料は通常きわめて低い。

「大型株」「中型株」「小型株」は、ファンドが投資対象とする企業の規模を指している。大型株の時価総額は100億ドルを超える一方、中型株は20億〜100億ドル、小型株は3億〜20億ドルといった具合だ。

こうしたデータが何を意味するかというと、プロが運用する投資ファンドのうち、長期的に株式市場全体を上回るペースで成長するものは10に1つもないということだ。こうしたファンドを運用するのは〝専門家〟であるという点に注目してほしい。大学でこの分野を専攻し、仕事として打ち込み、個人では入手できないような人脈やリソースを持つ人たちだ。

モニッシュ・パブライのように長年市場を上回る運用成績を残してきたポートフォリオ・マネージャーもいることはいる。なかには今後も株式市場を上回りつづける者もいれば、リターンが落ちていく者もいるだろう。株価指数を大幅に下回る成績しかあげられない者も出てくるだろう。

ホースヘッド・ホールディングスの破綻によってパブライが大きな損失を出したのかはわからないが、おそらくそうではないだろう。致命的損失が出るのを避けるため、同社への投資額を総資産の10％以内に収めていたはずだ。亜鉛価格の下落や工場建設で問題が生じて株価が暴落するより前に売り抜けたかもしれない。

僕にわかるのはレアな真珠の神話に惑わされていたら、今の僕はもっと貧乏だったはずだということだけだ。

貯金はするが、ほとんど投資しない若者たち

18歳〜34歳の若い世代は、他の世代と比べて投資しない傾向がある。オンタリオ州証券委員会の調査によると５人中４人には貯蓄があるが、資本市場に投資しているのは２人に１人にとどまる。[13] この世代では68%が「他に優先すべきお金の使い道がある」、66%が「十分な貯えがない」、59%が「投資に関する知識がない」、57%が「市場でお金を失うのが不安」と答えている。

年金基金などの機関投資家は？

では機関投資家の運用成績はどうだろう。最高の大学から最優秀の卒業生をかきあつめ、強力なリサーチと分析ツールを使いこなし、莫大な資産を運用する巨大機関はうまくやっているのか。

ケベック州貯蓄投資公庫（ＣＤＰＱ）の例を見てみよう。８５０人以上の従業員を擁し、モントリオールの中心部に鋼鉄とガラスでできた堂々たる本社ビルを構えるＣＤＰＱの運用資産は２８５０億ドルを超える。世界有数の年金基金だ。

ＣＤＰＱの運用成績は見事なものだ。設立されてからの55年間（１９６５年〜２０２０年）の平均リターンは年率８・５％。[14] これは１９６５年にＣＤＰＱに預けた１万ドルが、55年後には88万ドルになっていることを意味する。

圧倒的な、目覚ましい運用成果に思える。株価指数と比べるまでは。

1965年から2020年まで、60%をアメリカ、ヨーロッパ、新興市場の株式に、40%を債券（債券については第4章で詳しく説明する）に分散投資するバランス型ポートフォリオを組んでいれば、CDPQをはるかに凌駕《りょうが》する成果が得られていた。1万ドルの投資の価値は今日、160万ドルになっているはずだ。

この例を出したのは、投資方法にさまざまな制約を課せられているCDPQをディスるためではない。株価指数を上回るのは本当に、本当に難しいことを示すのが目的だ。

これはCDPQに限った話ではない。アメリカで有数の規模を誇る大学の寄付基金も同じように株式市場のリターンを上回る成績をあげるのに苦労している。

全米大学実務者協会（NACUBO）によると、寄付基金の資産が10億ドルを超える大学の過去10年の平均リターンは年率8・9%。一方、同期間のS&P500の平均リターンは年率13%。株式に75%、債券に25%を配分したポートフォリオでもリターンは年平均10%を超える。

近年の大学基金では有数の運用成績を誇り、ファンドマネージャーが株式の割合を高めた積極運用をしていることで知られるプリンストン大学の基金でさえ、ここ10年のリ

すべて一度に投資するか、段階的に投資するか

親からの遺産であったり、何らかのまとまったお金が手に入ったとしよう。一度に全額を投資すべきだろうか、それとも複数回に分けて徐々に投資すべきだろうか。

過去150年を振り返ると、北米の市場は３年のうち２年は上昇している。統計的には資金を市場に入れておく時間が長いほど増える可能性は高い。だから冒頭の問いへの答えは、一気に全額投資すればいい、だ。ただし市場はいつなんどき下落するかわからないことは頭に入れておこう。

全額をいっぺんに投資するのが不安なら、段階的に投資していくシンプルな仕組みを設定するのもいい（たとえば４カ月にわたって毎月１日に資金の４分の１ずつ投資していく、など）。

ターンは10・6％とS&P500のそれを下回っている。

なぜ名門大学の寄付基金の運用成績がその程度なのか。

運用チームが自分たちの受け取る高額の給料や手厚い福利厚生を正当化するためには、斬新なアイデアを出し、リサーチを実施し、大胆な投資戦略を発表しなければならない。

なかにはうまくいくアイデアもあれば、いかないものもあるだろう。取り繕いようのないほど最悪な選択もあるかもしれない。ハーバード大学の基金は数年前、世界中の農地を購入した。農地投資は「基金のファンドマネージャーやビジネスパートナーに

は多額の報酬をもたらしたが、大学の投資戦略としては失敗に終わった」と、この投資の詳細な報告書に書かれている。[15] 基金の損失は10億ドルに達し、世間から厳しい批判を浴びた。

ハーバード大学基金のファンドマネージャーが無能なわけではない。むしろその逆で、逸材揃いだ。だが一流の投資家でも数年を超えて市場を上回るリターンをあげつづけるケースはめったにない。

S&Pグローバルのデータもそれを裏づけている。2021年12月31日までの10年間で、機関投資家の83％は手数料を引いたあとの運用成績がS&P500指数を下回っている。[16]

ウォール街の〝キング〟はどうか

プロのファンドマネージャーや機関投資家のほとんどは長期的に市場リターンを上回ることができない。だがウォール街の〝キング〟と呼ばれる者たちはどうだろう。

富裕層の顧客から預かった資金で誰もが羨む圧倒的なリターンを稼ぎ出すことを使命とし、自らもミリオネア（資産100万ドル以上）やビリオネア（同10億ドル以上）となっているキングたちは魔法の杖を持っているに違いない。そうでなければ彼らに投資を委ねる理由がない。

ここでいうキングとはヘッジファンドを運営する人々だ。さまざまな資産クラスにさまざまな戦略で投資するファンドである。株式、土地、未上場企業、通貨、金属、なんでもござれだ。ヘッジファンドの唯一の目的は損失を抑えつつリターンを最大化することだ。

アイデマ・インベストメントの社長兼ポートフォリオ・マネージャーであるイアン・ガスコンは金融、経営、工学を学んだ後、ニューヨークでこのようなキングたちと直接かかわる機会に恵まれた。当時ガスコンは大手金融機関で機関投資家向けのポートフォリオ・マネジメントを担当していた。

「仕事上、彼らの事業や投資方法を研究する必要に迫られた」と僕のインタビューで語っている。「その結果、気づいたんだ。一流のヘッジファンド・マネージャー、つまりポートフォリオ・マネジメントにかけては地球上で最も優れた手腕を持っているとされ、数百万ドル、ときには数十億ドルもの年俸を得ている人たちが、実は長期的にはほんのわずかな価値しか生み出していないってことに。彼らの実態は巨大なマーケティング装置さ」

この話を聞いて、ニューヨークのポートフォリオ・マネージャー、デビッド・アインホーンのことを思い出した。叩き上げのアインホーンは2000年代初頭、自らの経営するグリーンライト・キャピタルで10年にわたって平均26%のリターンをあげるなど、すばらしい成功を収めた。

これほどの運用成績には当然、注目が集まる。アインホーンは投資の天才として名声を獲得し、40代でビリオネアになった（童顔なので10歳は若く見えたが）。タイム誌が選ぶ「世界で最も影響力のある100人」にも選ばれた。

『ウォールストリート・ジャーナル』紙の報道によると、顧客はアインホーンに資金を運用してもらえるなんてと感激し、彼の問題行動に目をつぶるようになった。たとえば顧客と接する際に傲慢な態度をとること、投資先企業のCEOと衝突したこと、マンハッタンで派手に飲み歩いていたことなど。

そんななか思いもよらないことが起きた。アインホーンが利益を上げられなくなったのだ。

2014年には120億ドルと報告されていたグリーンライト・キャピタルの運用資

産は、振るわない運用成績や顧客離れによって2022年には12億ドルに落ち込んだ。「ヤツは頑固なんだ」と元顧客は『ウォールストリート・ジャーナル』にコメントしている。「自分がミスしたことを認められない。腹が立ったらないね[17]」。アインホーンは2022年には抜群の運用成績を残したので、今後どうなるかはわからない。

『ウォール街のランダム・ウォーカー――株式投資の不滅の真理』の著者で経済学者のバートン・マルキールは、数十年にわたるアメリカのトップクラスの運用マネージャーのパフォーマンスを分析している。そのうえである時期に〝キング〟として君臨した者、メディアの寵児となり新規客が門前に列を成した者は、たいていその後数十年にわたって市場平均を下回る運用成績しか残していないと指摘している。

「平均値をとれば、常にそれを上回るマネージャーは出てくる。だがある期間の運用成績が良いからといって、その後も良いという保証はない[18]」とマルキールは書いている。

バフェットの賭け

2000年代半ば、ウォーレン・バフェットはある賭けをした。これから10年の年平均リターンでS&P500を上回るヘッジファンドを5社選定できる金融のプロは一人もいない、という見方に賭けると宣言したのだ。

世のポートフォリオ・マネージャーは自らの有能さを誇示し、著名なビリオネアをぎゃふんと言わせようと、こぞって賭けに応じたと思うだろう。だが、手を挙げた投資家はただ一人、プロテージ・パートナーズのテッド・サイデスだけだった。

まもなく10年が経つというタイミングでサイデスは負けを認めた。サイデスが厳選した5社のファンドは年率2・2％しか成長しなかったのに対し、S&P500は年率7％以上も伸びたのだ。賭けの収益は慈善団体に寄付された。

単にサイデスがツイていなかったという話ではない。大手金融機関クレディ・スイスが運用資産5000万ドルを超える9000本のヘッジファンドを分析した結果、1994年から2021年までのヘッジファンド全体の運用成績はS&P500指数のパフォーマンスを下回った。

1994年に1万ドルをヘッジファンドに投資していたら、2021年にその価値は5万9000ドルになっていた。それに対してシンプルにS&P500に連動するように投資していたら、同じ元手は13万5000ドルになっていたはずだ。[19]

なぜヘッジファンドのリターンはこれほどお粗末なのか。

ヘッジファンドの知られざる暗部ともいえるのが、大多数のファンドが数年でクローズ（終了）するという事実だ。莫大な損失を出してクローズするケースも多い。直近22年間に運用されていた６０００本近いヘッジファンドを分析した研究者によると、調査期間を通じて存続していたファンドはわずか１２００本だった[20]（投資信託業界でもうまくいっていないファンドをクローズすることはよくある。詳しくは第８章で）。

ウォーレン・バフェットが端的にまとめている。「ウォール街の金融機関が高額の手数料を徴収しながら数兆ドルの資金を運用する場合、法外な利益を得るのはたいてい運用会社であって顧客ではない[21]」

S&P500に勝つのは難しい

長期間にわたってS&P500を上回る運用成績をあげるのがこれほど難しいのは、目をみはるような成長を遂げる銘柄がごくわずかだからだ。

アリゾナ州立大学の研究者が１９２６年から２０１６年までにニューヨーク証券取引所に上場していた２万５０００社以上を調べたところ、この期間中の市場の成長は全体のわずか４％の会社がもたらしていたことがわかった。残りの銘柄（96％）はすべて足し合わせてもリターンはゼロ、最も安全な投資先とされる期間1カ月の米国短期国債でもわずかに金利がつくことを思えば、むしろリターンはマイナスといえる。[22]

「この事実を受け止めるのには、いくらか時間が必要だ」。アメリカの投資運用会社ニンタイ・インベストメントのマネージング・ディレクター兼最高投資責任者であるトーマス・マクファーソンは謙虚にこう綴っている。

市場に勝つのがこれほど難しいという事実は投資業界のあらゆる常識に反する、とマクファーソンは指摘する。「この研究は業界に衝撃を与えた。長期的に利益をもたらす4%の銘柄を当てるのは、とんでもなく難しいことだ」[23]

将来にわたって運用資産の成長の大部分をもたらしてくれそうな銘柄をいくつか挙げてほしいと言われたら、あなたなら何を選ぶだろう。

アップル、グーグル、マイクロソフト、テスラ、アマゾンといった会社が候補に挙がるのではないか。問題はそこにある。

ここに名前の挙がった大企業は、今後も何年にもわたって成長が続く可能性が高い。だが同じような期待を抱く投資家は何百万人もいる。だから株価にはそうした期待がすでに織り込まれている。その結果、こうした企業の今後の成長は過去の成長ほど魅力的に思えないかもしれない。

ここに挙がった企業が今後数十年にわたって市場の拡大を牽引する４％の企業群に含まれるのかは、誰にもわからない。

ただ、わかっていることもある。時価総額が最も大きい企業群がその座に長くとどまることはめったにないという事実だ。たとえば２００３年のアメリカの時価総額上位10社と、２０２３年のそれを比べてみよう。

Ｓ＆Ｐ５００指数に含まれる時価総額上位企業

	２００３年	２０２３年
１位	ゼネラル・エレクトリック	アップル
２位	エクソン・モービル	マイクロソフト
３位	マイクロソフト	アマゾン
４位	シティグループ	アルファベット（グーグル）Ａ株
５位	ファイザー	バークシャー・ハサウェイＢ株
６位	ジョンソン・エンド・ジョンソン	ＮＶＩＤＩＡ

7位	ＩＢＭ	テスラ
8位	プロクター・アンド・ギャンブル	アルファベット（グーグル）Ｃ株
9位	ＡＩＧ	エクソン・モービル
10位	ウォルマート	ユナイテッドヘルス・グループ

マイクロソフトとエクソン・モービルを除けば、２００３年の大人気銘柄は20年後にはトップ企業群から陥落している。投資家の一生を考えれば、20年は短い。２００３年には時価総額トップだったゼネラル・エレクトリックは破産法の申請まで検討し、今では時価総額でＳ＆Ｐ５００企業の85位に甘んじる。

だから投資家は〝勝ち組〟ばかり集めたポートフォリオを組むのに慎重になったほうがいい。どの時代にもそれぞれの勝ち組がいる。

常に正解に投資できたらどれだけすばらしいか。インパクトのある事業を手がけ、あらゆる会社と取引があるような勝ち組に投資できたら、どれだけいいだろう。次章では、その方法について考えていく。

第3章　個別銘柄かインデックスか？

君のこの絵は、これまで描いてきたものと何ら変わらない。
どうせ大したモノにはならない。君は芸術家なんかじゃない。

――オランダの美術商H・G・テルスティークが
ヴィンセント・ヴァン・ゴッホにかけた言葉

毎年、世界最高の自転車競技選手を正しく予測すると、お金が儲かるとしよう。ゲームのルールブックには、次の２つのうちどちらかの方法で選手たちを選ぶことと書かれている。

１つめの方法は、自転車競技レースの最高峰とされるツール・ド・フランスで、毎年表彰台に上がる３人を予測するというものだ。選手の年齢、過去のレース実績、ケガの有無、山道と平地でのパフォーマンスなどを比較分析することになる。

予想が的中すれば大儲けできる。元手は何倍にも増えるだろう。一方、予想がはずれ、選んだ3選手のうち誰かが不調だったり、途中で棄権したり、あるいは無名の新人が表彰台に上がったりすると元手は減ってしまう。

2つめの方法は、こうした分析を一切放棄して、毎年ツール・ド・フランスのプロトンを選択するというものだ。自転車競技に詳しくない読者のために説明すると、プロトンとはレースのメイン集団のことだ。空気抵抗を受けにくいなどさまざまなメリットを享受できることから、選手たちは集団になって走る。

プロトン全体を選ぶと、そこから表彰台に上がる選手は出てこないかもしれない。詰まるところ、レースに勝つのはプロトンから抜け出すことができた者なのだから。

ただこの方法なら、世界のトップ選手をほぼすべてカバーすることができる。プロトンに入るだけの俊敏さや強靭さ、あるいは粘り強さのないその他大勢の有名・無名選手を置き去りにして、猛スピードでフィニッシュラインに突っ込んでくる選手たちだ。プロトンに入っている選手たちの名前など知らなくてもかまわない。プロトンは常に良い位置につけているのだから。不調の選手は脱落し、未来のスターが加わってくる。将来プロトンに加わる選手の多くは、まだ生まれてもいないだろう。

プロトンを選べば資金は増える。一夜にして2倍になることはないが、時間が経つにつれて積み重なり、雪だるま式に増えていく。

あなたならどちらの方法を選ぶだろう。10年後、20年後、30年後に、より高い実績が出ているのはどちらだろう。

あらゆる投資家は、このたとえをじっくり考えてみる必要がある。

投資をするときには2つの選択肢がある。1つは個別銘柄を選ぶ（あるいは誰かに選んでもらう）というものだ。他よりもパフォーマンスが良く、その年の表彰台に上がるような株、あるいは安定性その他の好ましい特徴が抜きんでているような株を選び出す方法だ。

2つめの選択肢はプロトンに賭ける、つまりインデックスファンドに投資することだ。

インデックスファンドとETF

インデックスファンドやＥＴＦ〔Exchange Traded Fundの略。上場投資信託〕は、数百社あるいは数千社もの上場会社の株式を保有するファンドだ。

一般の投資家はこういった金融商品を購入することで、この数百、数千という会社のオーナーの一人になる。ファンドに組み入れられている会社は多種多様な産業（ハイテク、小売り、銀行、運輸など）にまたがっていることから、自動的に分散投資ができ、特定の会社や産業がある年に不振に陥ったり長期的に衰退していったりしても、全財産が危うくなるリスクを抑えられる。

インデックスファンドのなかでも圧倒的に人気があるのは、特定の株式市場で規模の大きい企業群の株価に連動する商品だ。アメリカで最も運用額の大きなインデックスファンドは、ウォール街を代表する株価指数であるＳ＆Ｐ５００に連動するものだ。

インデックスファンドとＥＴＦはよく似た商品だが、いくつか重要な違いもある。インデックスファンドの価格は１日１回、営業日の終わりに決定される。またフィデリティやバンガードといったファンドの運用会社から購入しなければならない。一方ＥＴＦは株式のように取引できる。市場が開いているあいだは価格が刻一刻と変わり、証券口座で簡単かつ迅速に売買できる。

インデックスファンドやＥＴＦのメリットの一つは、連動する指数と同じように、定期的に構成がアップデートされることだ。たとえばある会社が業績不振になり、株式時価総額が減少していくと、最終的にＳ＆Ｐ５００の構成銘柄から外される。それこそまさに売り上げが激減したバイクメーカー、ハーレーダビッドソンの身に起きたことだ。反対に、たとえばテスラのように年々成長し、時価総額が増大した会社は、Ｓ＆Ｐ５００銘柄の仲間入りを果たす。要するにツール・ド・フランスのプロトンと同じように、５００社というメイン集団を構成する顔触れはレースの状況を反映して変化していく。

ある会社の株価が爆発的に伸び、パフォーマンスでＳ＆Ｐ５００を上回ることはあるだろうか。もちろん、ある。だがこの方法で持続的に成功するためには、このようなすばらしいパフォーマンスを示す企業を正しく選ぶ必要があり、しかもその対象は年によって変化する。それを毎年毎年、数十年にもわたって続けていくことなどできるだろうか。

前章で見たとおり、この試みが失敗した場合のリスクは高く、成功する確率は低い。それがほとんどの投資家はインデックスファンドやＥＴＦの成長に太刀打ちできない理由なのだ。

インデックスファンドとＥＴＦのもう一つの利点は、一般的に経費率（ファンドの運用会社が毎年投資家から徴収する手数料の割合）がきわめて低いことだ。これはファン

投資信託 vs ETF

投資信託〔アメリカではミューチュアル・ファンドと呼ばれる〕は投資家から資金を集め、見返りとしてファンドに含まれる資産の一部の所有権を与える。運用を管理するファンドマネージャー（銀行などの金融機関に所属する場合が多い）がいて、投資資金の安定運用あるいは成長といったさまざまな目的に応じて個別の投資判断を下す。

一方、ETF は特定の株価指数、あるいは市場のサブセクション（小売り、エネルギーなど）に含まれるすべての銘柄を集めたファンドだ。積極的に運用を管理するマネージャーはいない。だから手数料をきわめて低い水準に設定できる。

ドマネージャーが投資対象を選別するタイプの投資信託との大きな違いだ。

一般的な投資信託の年間手数料率は投資額の0・5％から2％であることが多いが、インデックスファンドやETFは0・2％以下、ときには0・03％という商品もある。

一見すると、年間1～2％の手数料は妥当に思えるかもしれない。他の商品を買うときは、消費税としてもっと高い税率を支払っているのだから。わずか1～2％といった些末な支出にこだわる必要があるのか。

投資を始めた当初は年間手数料率0・03％と2％の違いなどほぼわからないが、生涯にわたって投資を続けるなかでその差はグランドキャニオン並みにどでかいものになる。第8章で見ていくとおり、結果として長い投資期間の期待運用収益の50％以上が手数料に消えてしまうことも珍しくない。

金融業界のビジネスモデルは投資信託を通じて顧客から徴収する、さまざまな手数料に大きく依存している。だからこそインデックスファンドやＥＴＦのような競争力の高い投資商品の登場は、赤ワインのグラスに飛び込んだ迷惑なハエのようにみなされることもある。

投資のプロがインデックスファンドに抱く忌避感は今に始まったものではない。むしろインデックスファンドが発明される以前にさかのぼる。

「ばかげている」投資法

インデックスファンドというアイデアを最初に発表した人物は、またたくまに金融界の笑いものになった。

アメリカの経済学者バートン・マルキールは41歳だった１９７３年、著書『ウォール街のランダム・ウォーカー』を発表。顧客のために市場を上回るリターンを稼ぎ出すようなポートフォリオを組もうとして（先ほどの例でいえばツール・ド・フランスで毎年表彰台に上がる3人の選手を当てようとして)、ものの見事に失敗する金融プロフェッショナルの姿を描いた。

マルキールはきわめて有能な人物だった。ハーバード大学で経営学修士(MBA)を、プリンストン大学で経済学博士号を取得している。そのマルキールの計算によると、投資家にとって最善の選択は人手を一切介さないファンドに投資することだった。つまりS&P500のような主要株価指数の構成とパフォーマンスをそっくりそのまま再現する「パッシブファンド」(ツール・ド・フランスの例でいえばプロトン)だ。自動的に運用できるので、ファンドの管理に人手はほぼかからない。だから運営にアナリストやマネージャーが介在する投資信託より年間の手数料率を80~90%低くすることができる、と。

マルキールの提案は世に出た途端に撃墜された。あるウォール街関係者は金融誌『ビジネスウィーク』に寄稿した『ウォール街のランダム・ウォーカー』の書評で、「これまで(自分が)読んだなかで最悪のクソ本」と酷評した。

「ウォール街での受けはよくなかったね」とマルキールはずっと後になって金融系ポッドキャスト『アニマルスピリット』で振り返っている。「私のアイデアは『ばかげている』と言われた。ポートフォリオの管理には当然プロが必要だ、と」[24]

2年後の1975年には、プリンストン大学経済学部を卒業したジョン（通称ジャック）・ボーグルがインデックスファンドの先駆けを世に送り出した。ボーグルの両親は大恐慌で全財産を失っていた。ボーグルの投資会社バンガードが発売したファンドは、S&P500指数を構成する500社だけでできていた。

当時46歳だったボーグルはこの新たなファンドの立ち上げにあたり、投資家から1億5000万ドルを集めるという目標を掲げた。だが誰も関心を持たず、集まったのはわずか1100万ドルほど。それから何年にもわたり、このファンドは〝ボーグルの駄作〟と嘲笑されていた。

「完全な失敗だった」とバートン・マルキールは振り返る。「ジャックはとんでもない批判にさらされた。運用はうまくいったが、マーケティング的には成功しなかった。長期間にわたって規模はきわめて小さいままだった」[25]

当時よく聞かれた批判のひとつが、パッシブ投資は「アメリカらしくない」というものだった。アメリカらしい投資とは、株式市場でリスクをとって胸躍るような結果を追求することであり、戦う前から市場に勝つのを諦めることではない、というのだ。

アメリカの資産運用業界の雄、フィデリティの会長は、ほとんどの投資家が〝平均的〟なリターンで満足するとは思えない、と語っていた。誤解に基づく分析だ。というのもこれから見ていくとおり、長期間にわたって平均的リターンを達成しつづけると、それ以上望むべくもないほど圧倒的な資産形成が可能になるからだ。

少なくともボーグルは、手塩にかけた商品へのこうした冷淡な反応に落ち込んだりはしなかった。「反論を聞けば聞くほど、自分が正しいという自信は強まった」と後年語っている。「そういうあまのじゃくなのさ[26]」

投資家がインデックスファンドに興味を持つまでには何年かかかった。だがひとたびその魅力に気づくと、二度と後戻りはしなかった。

ジョン・ボーグルが興したバンガードは、今では世界有数の投資運用会社となっている。同社は世界１７０カ国の３０００万人の投資家のために７兆ドル以上もの資産を運用している。

一方、同社の年間収益は70億ドル弱。運用資産１０００ドルあたり１ドルの収益を得ている計算だ。同社は構造的に、運用益が出れば出るほど年間の手数料は抑えられ、投資家の懐に入るリターンが増えるような仕組みになっている。

「われわれの任務は変わらない。当社の事業が長きにわたってたっぷりともたらすはずの利益から、正当な分け前を受け取ることだ」とボーグルは著書『インデックス投資は勝者のゲーム――株式市場から利益を得る常識的方法』に書いている。「この目標の達成を確実なものとする唯一の投資商品がインデックスファンドだ」[27]

ボーグルは２０１９年に89歳で亡くなるまで、ポートフォリオを見直してパフォーマンスを高め、もっとハイペースで資産を増やそうとする投資家にたびたび警告を発した。「自分のほうが市場より賢いと思ってはならない。そんな人はひとりもいない。そして『こんなうまいことを思いつくのは自分だけだ』というアイデアに基づいて行動してはならない。同じことを考えている人がたいていほかにも数百万人はいる」

ボーグルの熱心な崇拝者の一人がウォーレン・バフェットで、ことあるごとにボーグルこそが金融業界の革命児だと指摘している。「アメリカの投資家に最も多大な貢献をした人物の銅像を建てるとしたら、間違いなくジャック・ボーグルだ」と書いている。[28]

バートン・マルキールの『ウォール街のランダム・ウォーカー』は版を重ね、現在は13版が出ている。同書が発表された１９７３年以降、Ｓ＆Ｐ５００は配当金を含めると１万２０００％以上上昇している。本が出版された日にＳ＆Ｐ５００指数に連動するファンドがあったとしたら（当時はまだ存在しなかった）、その日1万ドルを投資した人は今日120万ドルを手にしている。自分は何もせず、ただ市場にすべて委ねただけで、これだけの成果を得られたはずだ。

パッシブ投資の普及に半世紀を費やしてきたバートン・マルキールは、自己流の投資家もプロもパッシブ運用の金融商品に資金を投じるべきだという確信を一段と強めている。

「投資家が支払う手数料が低いほど、手元に残る資金は増える。私はそう確信している。ジョン・ボーグルはよくこう言っていた。『こと投資の世界においては、安かろう悪かろうは当てはまらない』。私もまったく同じ意見だ」とマルキールは語る。[29]

ふつうの投資家が知らないこと

今日のようなパッシブ投資を最初に受け入れた投資家の一人が、リチャード・モリンというカナダのポートフォリオ・マネージャーだ。

モリンは1991年にETFとして世界で初めて成功を収めた「TIPS35（Toronto 35 Index Participation Unit）」に投資した。

それから30年以上が経ったが、モリンはいまだにこのＥＴＦを売却していない。

「私は自分のポートフォリオに含まれる資産を何ひとつ売らないんだ」と、にっこり笑って説明する。

長身痩軀《そうく》で、俳優のロバート・レッドフォードを彷彿とさせる端正な顔立ちのモリンはモントリオール郊外で育った。両親は５人の子供を育てながら、なんとか中流にしがみつくのがやっとという暮らしぶりだった。父親は銀行に融資を断られた顧客に金を貸す、ハウスホールド・ファイナンスというサブプライム融資会社の管理職だった（この会社はのちにＨＳＢＣに買収された）。

「父の顧客はテレビを買うために２００ドル借金したいというような人々だった。返済が滞れば顧客の家に行ってテレビを差し押さえなければならない。父は仕事を心底嫌っていたが、おかげで生活できたし、安定した老後を迎えて人生を楽しむことができた」

モリンはマギル大学ＭＢＡコースをまもなく修了しようというとき、掲示板でモントリオール証券取引所がインターンを募集しているという広告を見つけた。応募するとめでたく採用された。

「金融のことなど何も知らなかった。あの広告で人生が変わったよ」

モリンはモントリオール証券取引所に11年勤めた。その後、モーリシャス証券取引所を運営する仕事を引き受け、続いてコートジボワール最大の都市アビジャンで西アフリカ地域向け証券取引所を設立し、さらにパキスタン証券取引所のCEOとなって2年間同国で暮らした。

パキスタンの人口2億1000万人のうち、投資家はわずか25万人しかいないことにモリンは気づいた。パキスタンでは何世代にもわたってエリート層がすべての富を独占していたのだ。

「パキスタン証券取引所は投資家保護という観点からは大きな問題を抱えていた。ひと握りの証券会社が市場を牛耳っていた。私たちの任務は株式投資を民主化することだった。その方法の一つが、同国史上初のETFを立ち上げること、そして投資家保護基金を強化することだった」

モリンが指数連動型ETFだけに投資する運用会社を立ち上げるというアイデアを思いついたのは、1990年代にスイスアルプスをハイキングしていたときだった。

当時ETFはまだほとんど知られておらず、アイデアを実現するまでには数年かかった。

現在モリンは、インデックスファンドと指数連動型ＥＴＦのみを使って分散型で節税効果の高いポートフォリオを構築する、アーチャー・ポートフォリオ・マネジメントの社長になっている。同社では８人のアドバイザーが、およそ７００家族から預かった３億ドルの資金を運用している。

「当社の顧客の平均的な運用資産は40万ドルで、私たちは顧客の特性に応じて全額を株式や債券のＥＴＦに投資する」とモリンは語る。「相性の良さは大切だ。顧客のビジョンが私たちと合わず、満足してもらえないことが明らかな場合には丁重にお断りする」

アーチャーのような会社にとっての課題は、いかにして自分たちを知ってもらうかだとモリンは言う。取引額が物を言う金融業界においては、大企業が大量の広告を投じて市場の大部分を囲い込む。

「私たちのような会社が存在すること自体、ふつうの投資家は知らない」

「金融業界から搾取されている」客

インデックスファンドや指数連動型ＥＴＦを使ったパッシブ投資の人気はかつてないほど高まり、急拡大している。ほんの20〜30年前はほぼ存在しなかったこうした金融商

アクティブ運用vsパッシブ運用

ポートフォリオのアクティブ運用には人が介在する。投資家（あるいはその代理人）が「高成長」「市場が荒れたときでも安定を維持する」など特定の目的を達成できるように株式市場で商品を売買する。

一方パッシブ運用では、手綱を握るのは市場だ。投資家（あるいは代理人）はひとたびポートフォリオをまとめると、あとは完全に手を放す。ETFを買ったというだけでは必ずしもパッシブ運用とは言えないことを頭に入れておこう。市場の動向を予想しながらETFを売買する投資家は多いが、それは長期的にリターンを低くする行為とされる。

品は、いまやアメリカの運用資産の50％近くを占める。イギリスでも31％、カナダでは13％だ。なぜアメリカは他の国々より早く転換期を迎えたのか。

顧客のために低コストＥＴＦを集めたポートフォリオを運用するアイデマ・インベストメント社長のイアン・ガスコンは、アメリカ以外の多くの国々でパッシブ投資の妨げとなっているのは市場の構造だと指摘する。

「多くの国では大手金融機関が投資業界を牛耳っている。すべての投資資金が低コスト商品にシフトしたら、こうした企業の利益に合わない。金融機関にとっては年間手数料２・５％の投資信託のほうが、０・２％のＥＴＦよりはるかに儲かるのだから、ＥＴＦを顧客に勧めることはまれだ」とガスコンは説明する。

なぜこんなシステムが存続しているのか。

僕が思うに、ほとんどの人は自分が金融アドバイザー、あるいはファンドマネージャーにどんなかたちでいくら報酬を支払っているか知らないのだ。または単に気にしていない。

それにわかったところでふつうの投資家に何ができるだろう。金融機関を変えたとしても状況はおそらく変わらない。

市場がなかなか変わらないもう一つの要因は、投資家がとびきり有能なプロのファンドマネージャーを見つけたいという願望を抱いているからだと思う。鉛《なまり》を黄金に変えられるような誰か、何十年にもわたって主要な株価指数を上回るパフォーマンスを達成する、あるいは市場が低迷しても資産を守ってくれるような誰かを。投資家の身になってみれば不合理な目標とはいえない。

それに世話になっているプロが、株式市場が荒れたときに「売ってはいけない」と諭してくれたり、あるいはもっと貯蓄して投資額を増やすべきだと促してくれたら、投資家にとっては大きなプラスになる。

だが資産運用会社というのは投資家に、自分たちにありもしない能力があるかのように信じ込ませたり、実態より高いリターンを出しているかのように思わせたりするのが得意だ（これについては第8章で詳しく述べる）。

運用マネージャーが数十年にわたって手数料として投資家の運用資産から引き去る金額には、最近とみに厳しい目が向けられるようになっている。これは女人禁制の金融ムラが、顧客の無知や選択肢の少なさにつけ込むことのできた時代の遺物である。

「顧客は投資アドバイザーだけでなく金融業界から搾取されている」。富豪投資家のスティーブン・ジャリスロースキは著書『投資というジャングル』で嘆いている。「ここでは誰もが顧客を犠牲にして、できるだけ稼ぎを増やそうとしている。手数料をなるべく高くするのも手口の一つだ。業界の欲深さが抑えられ、プロフェッショナリズムが高まれば、誰もが恩恵をこうむるのだが[30]」

インデックスファンドは危ない？

「犬を殺す最善の方法は『コイツは狂犬病だ』と叫ぶことだ」という格言がある。それを実践するかのように、顧客にこんな警告を発する金融関係者が散見される。インデックスファンドやＥＴＦには近寄らないほうがいい、あまりに人気が高くなったせいでリスクが高くなっている、市場を歪める要因であり、投機の手段になっている、と。

あるいはインデックスファンドやＥＴＦの数があまりに増えて、初心者には選びにくくなった、などと指摘する。だが第９章で説明するように、ファンドを選ぶ方法はとてもシンプルだという事実には口をつぐむ。

さらに、ＥＴＦは「レバレッジ〔「てこの作用」を意味する英語leverageから、信用取引などで手元資金の数倍の取引を行うこと。リターンが大きい反面、リスクも大きくなる〕」を使って市場の動きを増幅あるいは抑制するように作られており「危険だ」などと主張する。そのような専門性の高いＥＴＦは規模も小さく、ごく少数の投資家しか利用していないという事実はおくびにも出さない。

業界関係者からは、インデックスファンドやＥＴＦは値動きが激しいので、投資するのはリスキーだという意見も聞かれる。Ｓ＆Ｐ５００に連動するファンドが年率20〜30％上昇あるいは下落する年もある、と。

こうした批判勢力は、こういったファンドは１００％株式だけで構成されているという事実を口にしない。それなら価値が変動するのは当たり前だ。株式市場の暴落に不安を抱く慎重な投資家に、株式だけのポートフォリオを推奨するような者はいない。そういう投資家は債券（次章で詳しく説明する）に資産の大部分を投じるべきだ。

資産運用マネージャーや投資アドバイザーが不安に駆られるのはわかる。「確かに当社の投資信託や株式ポートフォリオのパフォーマンスが株価指数を上回ることはめったにない。でも顧客はそんなことを望んでいるんじゃない。夜は枕を高くして寝られること、相場が下落しはじめても大きな損失は避けられることを望んでいる。それこそわれわれが得意とするところだ」と彼らは言う。

興味深い主張で、実際にニューヨークの金融情報会社S＆Pグローバルが数年前に初めてそれを検証している。

調査チームが1000本のアクティブ運用投信の直近14年のパフォーマンスを調べたところ、アメリカの投資信託の80％、ヨーロッパの投資信託の65％がそれぞれ投資する市場セクターを上回る相場変動を経験していた。[31] 要するに、プロの投資運用会社は〝安心〟という約束を果たしていないわけだ。

パッシブ投資がそれほどリスクが高く、危険だというのが事実なら、不思議なことにその情報はウォーレン・バフェットの耳に届いていないようだ。〝オマハの賢人〟と呼ばれるこの大富豪が妻に遺す財産のほとんどを、バンガードが運用するS＆P500に連動するインデックスファンドに投資せよ、と遺言書の執行者に指示してあると語ったのは有名な話だ[32]。

投資家が運用資産を投資信託、インデックスファンド、ＥＴＦのどれに投じるかにかかわらず、その大部分は２つの資産クラスで運用されることになる。株式と債券だ。両者は投資ポートフォリオにおける陰と陽のような存在で、投資家を金持ちにすると同時に、市場で嵐が吹き荒れても正気を保てるようにする、という２つの役割を果たしている。

私たちは株式と債券に資産をどう配分すべきだろうか。これが次章のテーマだ。

第4章　どうして株式と債券なのか？

すべてを経験せよ
美も恐怖も
生き続けよ
どんな感情も永遠ではない。

――オーストリアの詩人・小説家ライナー・マリア・リルケ

長らく音信不通だった幼馴染から電話がかかってきた。都心のピカピカの高層ビルで、ぜひ会ってほしいという。

「キミのおカネの話をしようじゃないか」と彼は言った。

その言葉を聞いて思わず笑ってしまった。僕におカネなんかなかった。当時は20歳の大学生で、アウトドアショップでアルバイトをしながら家賃を払っていた。やりくりして捻《ひね》り出せるのはビール代くらいだ。

保険や投資用金融商品を扱う金融機関に就職したばかりだったこの友人は、なんとか顧客を増やそうとしていた。断りづらかったので僕は彼と会うことにした。

数日後、西日の差すガランとした会議室でスーツにネクタイを締めた彼と向き合った。

「バカげた話だな。おカネの話を聞かせてもらうべきなのは僕のほうだ」と思った。

1時間ばかり話をした後、友人はこう言った。「ニコラ、キミにとって最善の選択は退職金口座を開くことだよ。月25ドル積み立てればいい」

ようやくミーティングが終わりそうだと嬉しくなった僕は、そうする、と答えた。

友人は一枚のチラシをすっと差し出した。

「どのファンドを買いたい？　株式投信もあるし……」

そこで僕はいきなり彼の言葉を遮った。

「1セントだって損はしたくない。1セントも。絶対に」

そこで友人は、僕が毎月振り込む25ドルをMMF（公社債投資信託）に投資することにした。きわめて安全な商品だが、リターンは極端に低く、インフレ率にも及ばない。

何歳までにいくら貯めるべき？

これは非常に意見の分かれるテーマで、個人差も大きい。自営業者と退職金積立制度で毎月老後資金を積み立てている教師では状況はまったく違うだろう。資産運用会社フィデリティは、将来を考えるうえで参考になるような下の表を発表した。この数字は私たちが25歳から収入の15%を投資にまわすことを想定している。また、資産を計算するうえでは、退職金の現在価値を織り込まなければならない。

何歳までにいくら貯めるべきか

年齢（歳）	年収比	年齢（歳）	年収比
30	1倍	50	6倍
35	2倍	55	7倍
40	3倍	60	8倍
45	4倍		

出典　フィデリティ

運用会社が運用資産の２％を年間の管理報酬として差し引くと、僕のおカネは増えるどころかどんどん減っていった。

口座を開設したことは良かったと思っている。今はこの口座を自分で管理している。ただ当時僕と同じ20歳だった友人に、僕に助言するような知識はなかったことも今ならわかる。

もし友人に知識があれば、僕の発言にこんなふうに答えただろう。

「ニコラ、キミは若いんだ。これからあと70年生きるかもしれ

自分の純資産を計算する

個人の、あるいは世帯の純資産とはそのものズバリ、すべての資産の価値からすべての負債の価値を差し引いたものだ。たとえば45万ドルのマイホームがあり、5万ドルの個人退職年金に加入している一方（つまり総資産は50万ドル）、住宅ローンが27万5000ドル、クレジットカード債務など消費にかかわる負債が2万5000ドルある（総負債は30万ドル）ならば、純資産は20万ドル（50万ドル−30万ドル）だ。

アメリカの世帯純資産の中央値と平均値

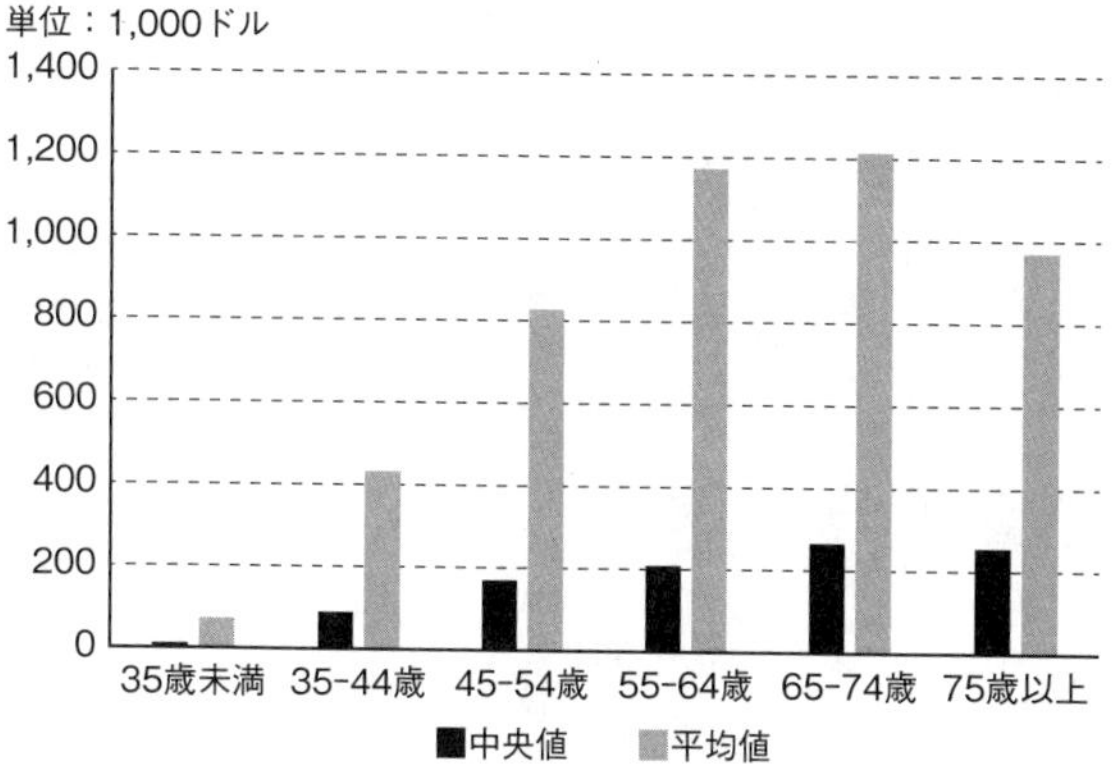

ない。それくらい先が長いのだから、株式市場の変動なんか無視できる余裕があるんだ。毎月積み立てにして、大部分を株式投信に投資しよう。市場の動きなど一切気にするな」

ポートフォリオにおける株式の役割

あのとき友人が僕に伝えるべきだったのは、バランスの良いポートフォリオには少なくとも2つの構成要素がある、ということだ。株式と債券である。

株式はある会社の持ち分を表す。つまり、ある会社の株式を買った投資家は、その会社の一部を所有することになる。会社の利益の一部はその投資家のものだ。株価は会社の財政状況を反映するものであり、投資家は未来に関心があるので、株式の価格（株価）には会社が将来にわたって生み出す利益が織り込まれている。

株はその日に買ってその日のうちに売ることも可能だ。こうした行為をデイトレードという。デイトレードで金儲けする方法を説く書籍、講座、セミナーはたくさんある。インターネット上にはデイトレードに特化したエコシステムが存在するほどだ。あなたの近所や親戚にも、デイトレでひと財産つくるんだと息巻いている人がいるのではない

株式市場の誕生は1602年

株式市場は近代経済の申し子のように思われているが、実際にはプラスチック、トランジスタ、電気などが発明される何世紀も前から存在していた。

投資家が株式を売買できる世界初の市場が誕生したのは17世紀初頭のアムステルダムだ。こうしたかたちで運営された初めての会社はオランダ東インド会社で、その後200年にわたって世界で最も強力な貿易会社の一角を占めた。

当時アジアとヨーロッパを結ぶ海運業は非常に儲かったが、リスクが高かった。首尾よく帰還した船は利益をもたらす一方、嵐や感染症、あるいは海賊の被害に遭い、戻らない船も多かった。株式会社を設立するというアイデアはそんな危険な航海のリスク（そして利益）を複数の株主に分散させるために生まれた。

1602年にオランダ東インド会社の共同設立者となったのが、アムステルダムでもとりわけ裕福な商人だったディルク・ヴァン・オズだ。最初の１カ月で1143人が同社の株主となった。投資家は現在のレッド・ライト地区の狭い道沿いにあったヴァン・オズの自宅に直接足を運び、会社の株式を売買していた。その後、取引の場は新たに建設されたアムステルダム証券取引所に移った。1611年に開設されたこの取引所では日々大量の取引が行われ、投機的な短期での取引も可能であるなど、今日の市場と同じ特徴を備えていた。

か。

残念ながらデイトレードに関する研究では、カジノでルーレットに賭けるよりリスクが高いという結論が出ている。[33]僕としては、投資家は何があってもデイトレードにだけは近づいてはいけないと思っている。

デイトレードほど短期間ではなくても、株を買ってほんの数カ月後に売却する人は多い。

頻繁に取引をすればリターンは高まるのだろうか。

むしろその逆で、リターンは低下する。複数の研究で、取引の頻度とリターンには負の相関があることが示されている。アメリカで6万5000人以上の投資家を分析した研究では、市場で特に活発に活動した投資家のリターンは、特に何もしなかった投資家の半分だった。[34]

運用資産というのは石鹼のようなものだ、という格言もある。触る回数が増えるほど、どんどん小さくなる。

株式投資のリターンを最大化する一番良い方法は、長期間（理想的には数十年）にわたって株に勝手に働いてもらうことだ。

株式市場の上昇は永遠に続くのか

必ずしも上昇が続くとは限らない。だが逆に、株式市場が崩壊して二度と回復しないと予測するのは、たとえばスターバックスはコーヒーを売って利益を稼げなくなり、アップルはiPhoneが売れなくなり、マイクロソフト製品を買う人、グーグルを使ってインターネット広告を出す人、トヨタ車を運転する人が１人もいなくなる事態を想定するということだ。まさに現代社会の終焉である。

そんな事態になったら、僕はポートフォリオの心配などしていないで暖をとるための薪《たきぎ》を集めるとか、生き延びる方法を考えるだろう。

過去を振り返ると、北米とヨーロッパの株式市場は10年のうちほぼ７年は上昇している。投資家の資産が減るのは、10年中３年だけなのだ。長い目で見れば、オッズは投資家にかなり有利だ。

だが翌週、翌月、あるいは翌年の株式相場がどちらに動くか、予測するのは不可能だ。ニューヨーク証券取引所はある年に22％株価が上がったのに、翌年は９％下落し、さらに翌年には14％上昇するといったことも珍しくない。

投資家のラルフ・ワンガーは犬と飼い主の関係をたとえに使って、経済と株式市場の関係を説明する。こんな具合に。

株式市場を散歩に連れ出されて超ご機嫌な犬と考えてみよう。長いヒモの端っこを飼い主に握られてはいるが、好き勝手にあちらこちらを嗅ぎまわっている。

ここでいう飼い主、つまり経済はニューヨークシティのコロンバスサークルからセントラルパークを抜けてメトロポリタン美術館まで散歩している。道すがら犬は右に行ったと思えば左に行くなど、その動きを正確に予測するのは不可能だ。だが長い目で見ればどこへ向かっているかははっきりわかる。飼い主と一緒におよそ時速4キロで北東へ向かっているのだ。

ワンガーはこの小話をこう結んでいる。「株式市場の動向をフォローしている人の大半が、飼い主ではなく犬ばかり見ているのには驚くばかりだ[35]」

債券の役割

株式市場のボラティリティ（変動性）を許容するのにも限度があるので、バランス型ポートフォリオには通常少なくとももう一つ、債券という資産クラスが含まれている。債券を買うのは、政府や企業などの借り手にお金を貸すという行為にほかならない。借り手は将来、利子をつけてお金を返すことを約束する。

債券において重要なのは、借り手の質だ。一番安全とされるのはアメリカやその他の

マイホームの頭金は投資すべき？

いずれマイホームを買うための頭金を株式市場で運用するのは賢明だろうか。5年以内にそのお金を引き出す必要がありそうなら、投資すべきではない。市場が暴落しているさなか、あるいはその直後の株価が低迷している時期に売却を余儀なくされるリスクがあるからだ。運用期間がそれほど短いなら、資金は金利の高い貯蓄用口座など安全な金融商品に置いておくのがベストだ。

先進国の政府が発行する債券だ。なぜなら企業と違って政府には徴税権があるため、運営に必要な資金を集めることができるからだ。

債券は定額の収入を生み出し、保有者に現金払い利息のかたちで支払われる。債券の価格は金利変動に左右されるため、一番価格が安定しているのは残存期間が短いもの、たとえば満期が1～5年のものだ（おススメの債券ETFについては第9章で詳しく述べる）。

国債は政府が返済を保証しているためリスクが低く、このため株式より一般的にリターンは低い。こうした理由から債券は使えない、金持ちになるのに役に立たないと考える投資家も多い。

だが債券を保有することで、株式を落ち着いて運用できるようになる。それが債券の最大のメリットだ。

株式市場が急落したときも、〝退屈な〟債券の価格は株式ほど変動しにくい。それが船を安定させる錨《いかり》のような役割を果たし、投資家が冷静さを保つのに役立つ。さらに債券はデフレ期（モノの価格が下落する時期。20世紀には二～三度発生した）でも価値が保たれるので、運用資産を守るのに有用だ。

古いことわざにこんなものがある。「株式を買うのはうまいものを食べるため、債券を買うのはぐっすり眠るため」

どう組み合わせるか？

株と債券への資産の配分はどうすべきだろうか。

避けては通れない市場の嵐に耐えられるポートフォリオを株と債券でつくる良い方法は、運用資産の価値が目減りすることへの自分自身の許容度を評価することだ。

運用資産の下落を想像するのと実際に体験するのとではまったく違うので、この評価方法も完璧ではない。50万ドルの運用資産が20％下落するのを想像するのは平気でも、実際に資産が10万ドル減少するのを目の当たりにすると（たとえ両者が同じことでも）不安になるかもしれない。株式市場が暴落するときには経済も危機的状況にあり、雇用も脅かされているかもしれない。

年金積立制度をバカにしない

黒板を爪でひっかく音を聞くと、ぞっとするという人がいる。あるいは歯医者のドリルの音で。僕の場合は「ロス IRA〔アメリカの個人型退職年金口座。日本の個人型確定拠出年金と類似した制度だが、細部は異なる〕の口座を開こうとずっと思っているんだけど、ヒマがなくて」という言葉だ。

ダメ、ダメ！　ロス IRA の口座開設こそ呼吸や歯磨きと同じレベルで最優先に済ませるべきことだ。ロス IRA は個人版タックスヘイブンであり、大切にすべきだ。

年間6500ドル（50歳以上で所得が一定以下なら7500ドル）までの投資に対し、運用収益が完全かつ永久に非課税（収益の引き出しが59.5歳以降の場合）という連邦政府の制度を軽く見てはいけない。

資金をロス IRA の口座に入れたら、どう運用するかは個人の自由だ。株でも債券、ETF でもいい。

59.5歳以降に引き出した資金は所得に加算されないため課税されない（この年齢以前に引き出した場合は通常の所得税に10％の加算税が付く）。

20歳から１日５ドルをロス IRA に入れ、アメリカ株に投資し、過去の平均リターンが得られると仮定すると、60歳時点で150万ドル近い非課税資産を築くことができる。１日あたりたった５ドル積み立てるだけで！　たしかにこのような投資を実践する人は少ないが、本書の目的はそんな人の数を増やすことだ。

多くの国が似たような税優遇措置のある積立制度を用意している。カナダでは「非課税貯蓄口座（TFSA）」、イギリスでは「株式 ISA」と呼ばれる。両国の制度は投資家がいつでもペナルティを支払わずに積立金を引き出せるという点において、アメリカの制度以上に柔軟だ〔日本ではアメリカのIRAやイギリスのISAをモデルにNISAが2014年にスタートしている〕。

債券の保有率とポートフォリオの変動率

長期的なリターンのため許容できる下落率	ポートフォリオに占める債券の比率
40%	10%
35%	20%
30%	30%
25%	40%
20%	50%
15%	60%

運用資産と給料を同時に失うことほど大きなストレスの材料もなさそうだ（とはいえ、それで人生が終わるわけではない。ポール・ゴーギャンという株の仲買人が絵描きに転身したのは、1882年のパリ証券取引所の大暴落で高収入の仕事を失ったからだ）。

上の表は過去のデータをもとに、ポートフォリオに債券を組み入れると資産の変動をどの程度抑えられるかを示している。

バンガード創業者のジョン・ボーグルは著書『インデックス投資は勝者のゲーム——株式市場から利益を得る常識的方法』[36]に、株式と債券の割合を50%ずつ保有するところから考えはじめるのが良い、と書いている。そこから自分は市場のアップダウンを許容できるのか、それとも安定を優先したいかに応じて株80％の債券20％、あるいは債券80％の株20％という具合に配分を調整していけばいい。

もっと具体的に言うと、ジョン・ボーグルは比較的若い投資家なら株80％の債券20％、働き盛りなら株70％の債券30％という配分を推奨している。そして現役を退き、運用資産を取り崩しはじめる世代には、引退して間もない頃は株60％の債券40％、高齢になったら株と債券50％ずつという配分を勧めている。

また勤務先に独自の退職金制度がある場合には、それもリスク許容度を決めるうえで考慮すべきだ。将来こうした制度から給付を受けられるという安心感によって、将来の収入に関する不確実性は多少薄れるので、これはバランス型ポートフォリオにおける債券のような役割を果たす。その場合、投資家は株の割合を高くするなど、より変動性の高い投資を選ぶことができる。

自分のポートフォリオの株と債券の割合をなかなか決められなくても不安になる必要はない。晩年には８０００万ドルの純資産を持つまでになったジョン・ボーグルですら、この点についてはずっと悩んでいた。

「私自身のポートフォリオ全体では、株と債券のインデックス投資が50％ずつの配分に

借金があっても投資できるか

この答えは借金の種類と金利による。ほどほどの住宅ローン（税引き前世帯年収の2.5倍以内）があっても投資の妨げにはならない。一方、クレジットカードローンを抱えている人は完済してから投資を始めるべきだ。というのもカードローンを抱えていると自分の懐が寒くなるだけでなく、金利を支払うことでカード発行会社の懐を温めているからだ。

なっている」。亡くなる1年前、88歳のときにこう書いている。「この配分には納得している。ただ白状すると、それでも株の割合が高すぎるのではないかと悩んでいる時間と、もっと株の割合を増やすべきではないかと悩んでいる時間が半々くらいだ。所詮われわれは、無知の霧のなかを右往左往し、置かれた状況や常識をもとに適切な資産配分を模索する人間なのだ[37]」

僕はボーグルが亡くなった年齢より43歳若いので、多少株価が変動してもまったく構わない。家族の資産は株75％、債券25％という基準に沿って運用しようとしている。長期的に資産が成長する可能性を高めたいし、その一方で市場が下落してもある程度価値は保ちたい。

目指すのは正確さや完璧さではなく、自分が心地よいと感じる資産配分を見つけることだ。

会社の退職金制度に入っていても投資は必要か

公務員など勤務先に充実した退職金制度がある人は、すでに給料から天引きされている積立金以外にも、貯蓄や投資をする必要があるのかと疑問に思うかもしれない。答えは「イエス」で、理由は以下のとおりだ。

あなたの知り合いにも60歳（あるいは55歳、50歳）で会社を辞めたいのに、退職金制度の制約にしばられて辞められない、という人がいるのではないか。そんな立場に置かれて幸せな人はおよそいないだろう。

一方、長期間にわたって給料の一部を投資に回せば、そして運用がうまくいけば、辞めたいときに仕事を辞めたり、短時間勤務を選んだり、分野を変えたり、早期退職したりする自由が手に入る。こう考えると、貯蓄や投資をしないのは資産形成のチャンスを棒に振るだけでなく、自分の生き方を他人に決めさせることだ。

働くことが大好きだから、引退なんて考えただけでもぞっとする？「それでもかまわない。いずれにせよ経済的自由を手に入れればいい」と、人気ブログ『ミスター・マネー・ムスターシュ』の筆者で投資家のピーター・アデニーは僕に言った。「あとは純粋に働く喜びのために働いてもいいし、その過程で労働条件を交渉し（延々続く会議への出席を免除してもらう、など）、本当に好きな仕事のみに打ち込んでもいい」

地図だけでは冒険家にはなれない

本書でここまで述べてきた事実を知っておくことは、上手に投資する方法を学ぶうえで重要だ。ただし地図さえあれば冒険家になれるわけではないのと同じように、こうした情報を知っているだけでは優れた投資家になれない。

資産運用で難しいのは、感情をコントロールすることだ。僕が投資に興味を持ったのも、また本書を書こうと思ったのもそのためだ。

投資をお金の話だと思っている人は多い。だが本当は疑念、希望、快楽、後悔、恐怖、他者の意見、保身、自尊心の話だ。だからこそ投資はこれほど魅力的なのだ。

将来の運用成果を決めるうえで一番重要な要素は、間違いなく私たち自身の行動だ。次章からはこの点を詳しく見ていこう。まずは少し風変りな質問から。医者はなぜ投資がド下手なのか、だ。

第5章　手っ取り早く金持ちになれるものか？

シンプルであることは、ときに複雑であること以上に難しい。
自らの思考を整理し、わかりやすくする努力をしなければならない。
——アップル共同創業者スティーブ・ジョブズ

金持ちになれる職業は？　と聞かれたら「医者」と答える人が多いのではないか。一般開業医がかなり高収入であることは誰でも知っているし、特定分野の専門医ならなおさらだ。

だがここで一つ、知られざる事実を教えよう。医者の多くはそれほど金持ちではない。

理由は、投資が下手だからだ。

アメリカ、イギリス、カナダ、オーストラリアの医者の多くは、60歳前後で引退しよ

う と考えているが、実際に引退する年齢の平均は69歳に近い。[38]
最近のある研究は、医者が働きつづける理由の一つは「経済的必要性」であると指摘している。「医者にとって退職のための個人貯蓄は他の職業と比べても重要だ。というのも医者の多くは自営業者で、企業年金のような安定的な退職後の収入源が少ないためだ[39]」

僕の友人のある医者は離婚をして経済的に苦しい状態にあったが、「投資のやり方はわかっている」と言う。「本当にお金が必要になったらバイオテック企業の株を買うつもり。この業界で仕事をしているんだからチョロいでしょ」

バイオテック株への投機はおよそまともな投資計画とは呼べない、と僕は説明を試みたが、友人は聞く耳を持たなかった。

元アメリカ株のトレーダーで、金融本を執筆したダン・ソリンは長年にわたり、数千人の投資ポートフォリオを見てきた。そんな彼が「私が見たなかで最悪なのは医者と歯医者のポートフォリオだ」と書いている。

なぜか。ソリンによると、医者や歯医者は自分の収入が高いから、貯えを何倍にも増やして退職後の資金をしっかり準備してくれる有能な運用マネージャーを選ぶことができると信じているという。[40]

実社会で成功している人々は、金融市場もまた投資家の優秀さに敬意を払い、報いるものだと思い込む。「人間は数字のようなものだ。その価値は地位で決まる」と言ったのはナポレオンだった。社会的地位が高いとさまざまな特権を享受できるが、優れた運用成績はそこには含まれない。

むしろとびきり優秀な人というのは往々にして投資家としてはお粗末だ。この現象を分析したのは金融ジャーナリストのエレノア・レイズだ。レイズは15年にわたり、知能指数が132を超える人、すなわち全人口の上位2％の人の団体である「メンサ」の投資グループの株式投資実績を追跡調査した。

調査期間を通じて、メンサのとびきり優秀な投資家たちが選りすぐったポートフォリオのリターンは年率2・5％。それに対してS&P500は同期間に年率15・3％成長

> あなたの将来の資産を脅かす最大の敵を知りたければ、家に帰って鏡を見なさい。
>
> ――作家ジョナサン・クレメンツ

していた[41]。

アメリカの大富豪投資家であるチャーリー・マンガーはこう語っている。「頭が良くて努力家なら、誰でも偉大な投資家になれると一般に思われているようだ。私は頭が良い人は誰でもそれなりにまともな投資家になれるし、明らかなワナを避けることもできると思う。だが誰でも偉大な投資家、あるいは偉大なチェスプレーヤーになれるとは思わない[42]」

高速を時速200キロで突っ走りたい?

とはいえ、ときには優れた投資家が良い選択をして、あっという間に投資残高が膨れ上がるケースもある。

だから本章はこうしたトップクラスの投資家に捧げよう。市場に〝勝てる〟株をちゃんと選んだみなさん、白髪頭になる前に1万5000ドルを4万5000ドルに、あるいは15万ドルを45万ドルに増やしたみなさんだ。ここまで本書を読んでくれてありがとう。それほどおもしろくもなかったはずだ。

自分の話だと思った方は、(まだやっていない場合は)自身のポートフォリオのパフォーマンスを計算していただきたい。

僕がいつも使うのは「ポートフォリオ・ビジュアライザー」というウェブサイトだ。その「バックテスト・ポートフォリオ」というセクションですべての保有銘柄と購入日を入力すると、パフォーマンスをベンチマーク〔運用の指標としている基準〕と比較できる。

個別銘柄に投資し、市場より高いパフォーマンスを実現してきたと思っていた僕の友人たちは、この計算をすると決まって驚く。短期で見ると市場に勝った時期もあるが、より長い期間では市場のパフォーマンスを下回っているのだ。頭のなかで自分の成功した投資の記憶ばかりが肥大化し、月並みな投資や大失敗に終わったケースは過小評価していたからだ。

このエクササイズをすると、株式投資についての重要な事実が浮かび上がる。投資の成功は年単位ではなく、数十年単位で測るべきだということだ。

たいていの人は投資した資産の価値がすぐに上がることを期待する。そして短期的に市場に勝てば自分の判断は〝正しかった〟と結論づける。

だがほんの数カ月、あるいはほんの数年、正しい判断をしたところで投資に成功したことにはならない。

『ウォールストリート・ジャーナル』紙のコラムニストで、金融本を何冊も書いているジェイソン・ツバイクは「長期的な資金目標を達成するためには、投資家のキャリアを通じて一貫して、確実に正しくなければならない」と書いている。

ツバイクは車で２００キロメートル先にある街へ向かおうとしているドライバーの例を挙げる。「最高時速１００キロという速度制限を遵守すれば2時間で目的地に着く。一方、時速２００キロで走ればたった1時間で着ける。では私が後者を選び、何事もなく目的地に着けたら、判断が〝正しかった〟と言えるのか。私が〝うまくやった〟からといって、あなたはマネしてみようと思うだろうか[43]」

要するにツバイクは、目をみはるようなリターンを期待して有望な会社やファンドに投資するのは、金貨入りの袋と高速回転するチェーンソーでジャグリングをするようなものだと言っているのだ。金貨の袋をつかめば万々歳。でも遅かれ早かれチェーンソーの歯が手のひらに落ちてくることは、ちょっと考えれば分かる。

何百と現れた投資の「必勝法」

20世紀最高の投資家の一人がベンジャミン・グレアムだ。グレアムは１９４９年に

『賢明なる投資家――割安株の見つけ方とバリュー投資を成功させる方法』という本を出版している。今でも読みつがれ、投資家のバイブルとされる本だ。グレアムはニューヨークにあるコロンビア大学の教授だった。とびきり優秀な教え子の一人がウォーレン・バフェットという名の若者だった。

ベンジャミン・グレアムが普及させた投資メソッドの一つが「シケモク投資」だ。時代遅れで、先行きも明るくなく、市場が興味を失った株を買うという考えだ。

当然ながらシケモク銘柄の株価は低い。グレアムの目には「低すぎる」と映った。こうした銘柄を二束三文で買い、わずかでも株価が上がれば売ってしまう、というのがグレアムの投資戦略だった。歩道を歩きながらシケモクを拾うような投資だ。汚いし退屈だが、シケモクでも一度か二度はふかせる。

投資家として駆け出しの頃、ウォーレン・バフェットもシケモク投資で成功した。だが間もなくこの方法は廃れてしまった。上場企業の分析ツールが進歩した結果、各社の状況が正確に株価に反映されるようになり、投資家はシケモクで儲けられなくなったのだ。

以来、何百という投資戦略が登場した。

その一つがＩＰＯ投資、すなわち設立間もない前途有望な会社が、市場での取引を開始するタイミングで株を買うのだ。世間の耳目を集めるＩＰＯは、会社の創業者にとってはそれまでの努力が報われて数百万ドルの上場益を手にする機会となることが多い。

残念ながら、この胸躍るイベントが投資家に魅力的なリターンをもたらすことはまれだ。

アメリカ・ファイナンシャル・プランニング協会の調査では、長期的に見るとＩＰＯ株のパフォーマンスは株式市場のそれを年率2～3％下回っていた。[44]「ＩＰＯ株を買うのは、確実に儲かる商品に投資するというより宝くじを買うのに近い。株式市場のベンチマークを上回るのが目標なら、ＩＰＯ株はプラスになるより足を引っ張る銘柄のほうが多い」と調査を担当したデビッド・ザッカーマンは書いている。[45]

役に立ちそうなメソッドは他にもある。たとえばさまざまな株価サインから銘柄の値動きや収益機会を予測するテクニカル分析だ。

だが、アメリカ、イギリス、ドイツ、イタリアの株式市場データを使った研究では、テクニカル分析のリターンは、無作為に選んだ銘柄を組み合わせたポートフォリオよりも低かったという。[46]

ここから浮かび上がる教訓もやはり〝市場に勝てる〟株式銘柄を選ぶための「必勝法」に踊らされるのは危険だ、ということだ。どんな選択方法も絶対でもなければ永遠でもない。

いずれにせよ上手に投資するために、とびきり優秀である必要はない。必要なのは正しい行動だ。その一つが忍耐強いことだ。

ハイリターンの誘惑

僕の周囲の投資家を見渡しても、運用資産をそっとしておくことのできる人、できない人を予想するのは難しい。

友人や親戚のなかには、いったん指数連動型ＥＴＦでポートフォリオを組んでしまうと、あとは定期的に貯蓄から資金を追加するだけ、という人もいる。市場が暴落したときに反応を尋ねると、「何もしなかった。資産が減っているとは思うけれど、特に気にしていない」という答えが返ってくる。

反対に、放っておけない人もいる。ある友人は指数連動型ＥＴＦでバランス型ポートフォリオを組んだものの、アップルやテスラの株価が劇的に上昇していくなかで、自分の運用資産の価値が上がったり下がったりする状況に耐えられなくなった。

僕が連絡するたびに、投資ポートフォリオに関する新たな決断を語る。まず知り合いから紹介された、高い手数料を徴収するポートフォリオ・マネージャーの会社に資金を移した。だが結果に満足できなかったので、有名人を含む富裕層を相手に一段と高い実績をあげているプロに乗り換えた。続いて「めちゃめちゃ優秀な数学者」なる人物に夢中になった。「月10％のリターンを生み出す投資アルゴリズムを開発中なんだ」という。そのアルゴリズムはいまだに完成していない。

この友人もいずれは運用資産に余計な手出しをせずにいられるようになるだろうか。僕がどれだけ理屈を説いたり統計を見せたりしても、新たに魅力的な投資方法が現れると手っ取り早く金持ちになりたいという望みが再燃してしまうようだ。

投資について話がかみ合わない知り合いがもう一人いる。

この友人は50歳近いが、退職金制度には加入しておらず、不動産も持っていない。働き始めてからの貯えはたったの3万ドル。それでもこの資金を増やして経済的自由を手に入れ、できるだけ早くリタイア（引退）したいという。

「指数連動型ＥＴＦや長期投資のメリットはわかっているよ」と彼は言う。「でも僕の目標は大儲けすることだ。この歳でこれだけしか資産がないんだから、もたもたしている時間はない。1年に1500ドルぽっち増えても仕方がない。1年で3倍にしたいんだ。投資家の10人中9人が株式市場のリターンに負けることは知ってるよ。でも僕は頑張って、残りの1人になるつもりだ」

彼は投機的安物株（1株5ドル以下で取引されている銘柄）に投資したほか、LSD、ケタミン、マジックマッシュルームなど幻覚誘発剤の関連株など、値動きの激しいキワモノセクターの株を買っている。

投資を始めて3年になるが、成功したケースと失敗したケースを合算したところトータルでは損失が出ていて、ひどく落ち込んでいた。同じ期間に、指数連動型ETFを使った分散型ポートフォリオの価値は30％上昇していた。

僕はこの投資家に心から同情する。毎日株式相場をチェックし、さまざまなブログを読むなど真剣に投資に向き合うようになると、華やかなパーティが開かれているバーを歩道にたたずんで窓越しに眺めているような気になる。バーでは美しく着飾った人々がお酒を手にしている。彼らはすべてが思いどおりにいっているように見える。自分もあちら側に行きたい。パーティがすぐ目の前で開かれているのだから、なおさらだ。

だがいざ中に入ってみると、そこはバーではなく、マディソンスクエア・ガーデンのホッケーリンクなのだ。美しく着飾ったお客たちは突然体格の良い29歳のディフェンスマンに変身し、フルスピードで近づいてきたと思ったらこちらの手中にあったパックを奪い去ってしまう。

早く結果を出そうと焦るあまり、3年で損失を出してしまった友人も、ようやくそのことに気づきつつある。だがもう少し頑張ってみたい、という。

「キミが追いかけているのは蜃気楼だ。金持ちになるのが目標なのに、そうならないような行動ばかりしている」と僕は言った。

年をとってから投資を始めた人は、投資していなかった歳月を取り戻そうとして猛烈に高いリターンを求めようとするワナに陥りやすい。一貫して安定的に達成することが不可能な、また破滅的損失を被るリスクの高くなるレベルのリターンだ。

40代、あるいは50代で投資を始める人は不利な立場にある。だがその一方で強みもある。

この年代の人は一般的に20代の頃より収入が高いので、投資にまわせるお金も多いだろう。またこの年代では遺産を受け取る可能性も高まり（アメリカの中流家庭の遺産の平均は10万ドルを超える（日本ではＭＵＦＧ資産形成研究所の２０２０年の調査で平均３０００万円以上）、それも運用の元手に加えることができる。

もうひとつ忘れてはいけないのは、65歳を迎えたら投資家人生が終わるわけではないということだ。今50歳の人はこれから40年以上投資を続ける可能性もある。

僕は早く儲けなければと焦っていた友人に、投機をやめて貯蓄を増やしたらどうかと提案してみた。それを分散投資すれば、残りの人生の支えになるかもしれないし、自分の資産運用を後悔するリスクも抑えられるだろう。

友人は耳を傾けてはいたものの、納得していないのは明らかだった。頭のなかはハイリターンの誘惑でいっぱいだった。僕は「幸運を祈るよ」と言って会話を締めくくった。

投資家がリターンを検証したら

これは特異な例ではない。株式市場の歴史をよく理解していて、本書に書かれている概念を理解し、実践している投資家でも、ときには逸脱することがある。

個人の資産運用に関するブログを書いているビンセント・モリンはあるとき、指数連動型ＥＴＦのポートフォリオのほうが長期的に良いリターンをもたらすことを重々承知のうえで、個別銘柄投資にスイッチしたことがある、と書いている。

「僕が指数連動型ＥＴＦを離れた理由はいくつかある。グロース株（成長株）や値動きの激しい株に投資して、もっとワクワクしたかったというのも一つだ」（なんてひどい理由だ！）[47]。

投資方法を切り替えたことで、短期間で大儲けできた銘柄もあった。だが損が出たケースもあり、「その一つがとてつもなく大きかった」。それに衝撃を受け、元の投資戦略に回帰したという。「僕らは失敗を通じて学習する。それほど痛くない失敗だといいんだが」とモリンは語っている[48]。

モリンの自己分析能力はすばらしい。市場に勝とうなどと無謀な試みをせず、ベストプラクティスを実践していたら運用成績はどうなっていたか、検証してみる投資家は少ない。

『ミリオネア先生』[49]の著者で投資家のアンドリュー・ハラムは数年前、資産価値１００万ドルを超えるポートフォリオをそっくり指数連動型ＥＴＦに置き換えるとき、こうした事実に気づいた。

ハラムは株式のみで構成するもとのポートフォリオをつくる際、入念に（マニアックとさえいえるほど）銘柄分析を行った。大方のプロのファンドマネージャーより徹底的に。

「ある会社に興味を持ったら、10年分の年次報告書を取り寄せ、一番後ろのほうに載っているおもしろい部分（訴訟、滞納税など）から始めて一語一句目を通した。増配や売上高や純利益の推移などのデータはほんの出発点にすぎない。実際に株を買うと決めるまでに膨大な時間をかけ、たいていは誰も興味を持たないうちに有望株を手に入れていた[50]」

　ハラムのポートフォリオは数年にわたり、株価指数を上回るペースで成長した。だがそれは運による部分が大きい、と結論づけている。

「私の自尊心は『個別株の保有を続けろ』と囁《ささや》きかけてきたが、理性は株を売却して株価指数に連動するＥＴＦに鞍替えしろ、と命じていた」

　数年にわたる熟考と葛藤の末、ハラムは個別株を売るという決断を下した（当時はキャピタルゲインが非課税のシンガポール在住だったので、決断の痛みは比較的小さかった）。

「ようやく腹を固めたら、さっさと実行に移さなければならなかった。その後、１週間

配当金をもらえるのは得なのか

配当は会社の利益のうち、毎四半期末などに株主に還元する分だ。配当は現金のかたちで投資口座に振り込まれるので、「得をした」と感じる人も多いだろう。

投資した株を売らずに収入を得られる便利な手段として、配当にこだわる投資家もいる。だが配当は空から降ってくるわけではない。会社が利益の一部を投資家に還元するのは、その資金を設備更新や新製品開発に投資するのを見送ったということだ。株主を喜ばせようとすることで競合する他社、つまり利益を使って製品やサービスを改善し、そのため市場で競争力が高いと判断されて株価が上昇する会社に負けてしまうかもしれない。しかも会社の時価総額は配当にまわした分だけ配当前より減少する傾向がある。[51] 長期的に見た場合、配当を支払う会社が支払わない会社よりもリターンが高いことを示すエビデンスはない。

は虚しさを感じた」と振り返っている。

決断の決め手となったのは、個別株を持ち続けるとどれほど損をするか計算したことだ。自ら選んだ個別株ポートフォリオのパフォーマンスが今後20年にわたって株価指数を毎年1％ずつでも下回ったら、自尊心のせいで40万ドルを取りこぼすことになる。現在のポートフォリオのリターンが20年にわたって毎年1％低かったら、累積でそれだけの差が生じるのだ。

逆に毎年1％ずつ市場に勝てば40万ドル得をするじゃないか、という見方もできるかもしれないが、「世界トップクラスのポートフォリオ・マネージャーでも、そんなリターンを実現できるなら腕の1本や2本くれてやるだろう」とハラムは語る。「実現性は低い」と。

「複利効果」の驚くべき威力

作家のサイモン・シネックは著書『インフィニット・ゲーム』で、人生における短期的勝利と、長期的視点に立つことで得られる永続的な勝利との違いを述べている。そしてこうした視点を「インフィニット・ビジョン」と名付けた。

「長期的視点に立って行動することにはたくさんのメリットがあるが、実行するのは容易ではない」とシネックは書いている。「それには大変な努力が必要だ。人間は本能的に厄介な問題をその場で解決しよう、手っ取り早く勝利を収めて野心を実現しようとする。世界を成功と失敗、勝者と敗者の二元論で見ようとする。勝ち負けにこだわる姿勢は短期的にはうまくいくこともあるが、長期的には重大な弊害を引き起こしかねない」[52]

同じように、投資に成功するためには長期的視点が必要だ。というのも、投資にゴールラインはないからだ。数カ月で投資額が60％増えた、というのは確かにワクワクする話だ。だがあなたが死の床に就いているのでないかぎり、投資家人生の終わりは数カ月よりはるかに先だ。

だからここ数カ月あるいはここ数年、株投資で大儲けしたんだという話を聞かされても僕は返事に困ってしまう。ちっぽけな会社に投資したら爆上がりしたんだ、という話も同様だ。

高いパフォーマンスを求めるのが悪いと言っているわけではない。ただ目をみはるようなパフォーマンスを達成したと自慢するのは、マラソンの10キロメートル地点でトップに出る方法を見つけたというのに似ている。それが本当に僕らの求めているものだろうか。レース中盤で息切れしたら投資家としての実績は台無しになる。

短期間で金持ちになるためにハイリターンを求める者は、重要な事実を見落としている。超のつくベテラン投資家でも誤解しがちではあるが、平均的（市場平均と同等という意味で）リターンをあげる投資家は決して平凡ではない。平均的リターンを長年維持できたら投資の世界ではヘビー級チャンピオンになれる。

一見、意味が通らないかもしれない。運用資産がある年は18％上昇し、翌年は5％下落、そのまた翌年には9％上昇するといったことを繰り返していたら、とても成功しているようには思えない。

少なくとも短期的に見ればそうかもしれない。

だが投資を始めて10年から15年経つと、驚くべきことが起こりはじめる。平均的ペースで増えていた運用資産が年に数万ドル単位で変動するようになり、やがて月に、週に、1日に数万ドルも変動するようになる。市場の変動率が以前より大きくなったわけではない。複利の効果が出始めたのだ。

複利とは、単に利子に利子がつくことを意味する。その結果、資産は直線的ではなく指数関数的に増えていく。投資につく利子に利子がつき、そこにまた利子が積み重なっていく。

フランスの作家、マルセル・パニョルの小説に出てくる主人公、ジャン・ド・フロレットをイメージするといい。都会に住むジャンはプロバンスの田舎にある土地を相続し、ウサギ農家を始めようとする。すると隣人のウゴリンが忠告する。「2羽のウサギが半年後には1000羽を超える。そのまま続ければ地獄を見るぞ。オーストラリアはそのせいでウサギに食い尽くされちまったんだ」

誰だって資産をジャン・ド・フロレットのウサギのように増やしたい。だが半年では

達人ベンジャミン・フランクリン

　ベンジャミン・フランクリンほど複利効果を巧みに活用した者も少ない。政治家にして科学者、たたき上げの成功者で、合衆国建国の父の一人だ。フランクリンは複利効果をこんな言葉で説明している。「お金がお金を生む。生んだお金が生み出すお金がさらにお金を生む」

　ベンジャミン・フランクリンは50年、60年、70年どころではなく、200年かけてお金を増やした。というのも亡くなるとき、遺言の執行者に1000ポンド（今日の価値にして約20万ドル）を投資基金で運用し、ボストンとフィラデルフィアの若い技能労働者のために使ってほしいと指示したためだ。[53] しかもこの基金を自らの死から100年後と200年後の二度に分けて清算するよう命じたのだ。

　こうして1890年の最初の資産売却で得られた資金で、ボストンにベンジャミン・フランクリン工科大学（BFIT）が設立された。現在は500人以上の学生が通う。そして1990年に残りの投資資産が売却され、650万ドルの清算金はフィラデルフィアのフランクリン科学博物館に寄付された。[54] この独創的なスキームは、まさしくお金はお金を生むことを示している。


足りない。私たちのウサギがオーストラリアを食い尽くすほど増えるには何年もかかる（オーストラリアには１８５９年に狩猟用のウサギが13羽持ち込まれた。それが今では２億羽以上に増えているのだ。ちなみに「利子（interest）」という言葉は、時間の経過とともに何倍にも増えていく家畜の子孫を意味するギリシャ語に由来する）。

　元本１万ドルが年率10

％で成長していくとどうなるか、左に示そう。各行の末尾には運用資産がさらに1万ドル（元本と同じ金額）増えるまでの所要期間を示した（読みやすくするため概数にした）。

1万ドル×1.1×1.1×1.1×1.1×1.1×1.1×1.1≒2万ドル（7年）
2万ドル×1.1×1.1×1.1×1.1≒3万ドル（4年）
3万ドル×1.1×1.1×1.1≒4万ドル（3年）
4万ドル×1.1×1.1≒5万ドル（2年）

この例が示すとおり、1万ドルのポートフォリオで1万ドルのリターンを得るまでには7年かかる。だがポートフォリオの規模が4万ドルなら、わずか2年強で同じ1万ドルのリターンを得られる。全体としてみると16年で1万ドルが5万ドルに増え、トータルリターンは400％になる計算だ。

資産形成を可能にするのは複利効果であって、たまたま良いタイミングに良い投資先をつかんだ数年だけぼろ儲けすることではない。投資家として一番大切なのは、この事実を見失わないことだ。

複利効果のユニークな威力が発揮されるまでには時間がかかる。その過程で急上昇が見込める小さなバイオテック企業に投資するために資金を引き出す、あるいは市場の下落に怖気づいて投資資産を売却してしまう、というのは得策ではない。

このテーマに関する僕のお気に入りの調査は、資産運用会社のフィデリティがまとめたものだ。

同社の経営陣は数百万人いる顧客のうち、運用資産の長期的なリターンが最も高いのはどのような人々か調べたという。

その結果、一番リターンが高いのはフィデリティに口座をつくったことすら忘れていた人々だった。[55]

複利効果は私たちが投資家として成功を築く基礎となる。できるだけ早く、そしてできるだけ長く、投資資産に複利効果を働かせるべきで、そうでない人は危機感を抱くべきだ。

生きていくうえで無駄なカネは一切使わず、年寄りになってから金持ちになればいい、と言うつもりはない。誰もが人生を通じて支出と貯蓄・投資のバランスをとらなけ

18歳になるのを待たずに投資を始められるか

　複利効果を最大限引き出すためには、できるだけ若いうちから投資を始めたほうがいい。可能であれば幼児期あるいはティーンエイジャーの頃から。保護者は未成年口座を開設することで子供の投資を後押しすることができる。チャールズ・シュワブやEトレード、フィディリティをはじめ、ネット証券の多くは未成年口座を用意している。

ればならない、と僕は思う。そしてほとんどの人がこのバランスをとることに失敗している、とも。私たちの社会は消費ばかりに目を向け、貯蓄や投資にはほとんど関心を払っていない。

　このアンバランスを是正する一つの方法が、複利効果を理解することなのだ。

　こと資産形成に関しては、近道に見えるものはたいてい幻だ。この事実に早く気づけば、その分早く傑出した投資家の仲間入りができる。急いで金持ちになろうとしない投資家たちだ。

　ウォーレン・バフェットはよくこんなたとえ話をする。

「１カ月で赤ん坊が欲しいからといって９人の女性を妊娠させても意味がない。当人の才能や努力にかかわらず、どうしたって時間がかかることはある」

投資の勝者になるには

複利効果の威力を直感的に理解するのが難しいのは、実人生では時間が味方するケースというのが少ないからだ。

私たちの身の回りにあるものは、ほとんどが時間とともに価値を失ったり劣化したりする。数年前に買った最高性能のコンピュータの処理速度はだんだん遅くなっていく。風雨にさらされるマイホームは高いお金をかけてメンテナンスをしなければならない。身体だって衰えてくる。だがこと投資にかけてはその逆が起こる。時間が私たちに味方する数少ないケースが、投資の世界なのだ。

投資における時間の重要性は看過されがちな印象を受ける。この世界では短期的成果がすべてだ。投資家は目の覚めるようなリターンを今日（理想をいえば昨日のうちに）手に入れたいと思っている。

皮肉なことに、ほぼすべての投資家が「上がるだろう」と思った株を買うところから投資家人生をスタートさせる。まるで通過儀礼のようだ。

アイデマ・インベストメントのイアン・ガスコンも、こんな具合に株式市場に興味を持った。最初に株を買おうと思ったのは高校時代だ。

「お金に働いてもらう、というアイデアに魅力を感じた。ディスカウントブローカー〔通常の手数料よりも割安な手数料で注文を取る証券会社。顧客の注文を受けるだけで、投資に関する情報や助言などのサービスを提供しないのが特徴〕に口座を開き、誰もが犯す過ちを犯した。世間知らずだったんだ。株は買ったけれど、自分がどんな世界に足を踏み入れようとしているのかまるでわかっていなかった」と振り返る。

高校時代、ガスコンは架空のポートフォリオを運用する株式市場シミュレーション・コンテストに出場し、グランプリを獲った。「それで夢中になったんだ」

工学部を卒業し、ファイナンス修士号や経営学のディプロマを取得したガスコンが、ハイリターンを目指す株式投資の世界でキャリアを築いてもおかしくなかった。だがそうはしなかった。

現在ガスコンは顧客のために、低コストのＥＴＦでつくったポートフォリオを管理している。

「重要なのは、目の覚めるようなパフォーマンスを追い求めることじゃない。投資しつづけることだ」と結論づける。

機会費用とは何か

機会費用とは、一つの決断を下すことで暗黙のうちに見送った金銭的利益だ。たとえばある人がマンションの頭金として10万ドルを支払ったら、その10万ドルを株式市場に投資していた場合に得られたリターンを見送ることになる。あるいは多額の現金を手元に置いておく人は、それを投資した場合に得られたはずのリターンを見送ることになる。

「投資はおもしろい」ものか？

投資をしているとストレスがたまる。もっとうまくやれたはずだ、という思いが常につきまとうからだ。相場の下降局面で投資し、その後急上昇すると、もっとたくさん投資しておけばよかったと後悔する。一方、自分が投資した後に相場が下がると、不運を嘆き、もう少し待てばよかったと思う。

誰もが抱く感情だ。投資をするなら、それを知っておく必要がある。もっとうまくやる方法は常にある。たとえ自分が正しかったときでも、たとえ高いリターンを得たときでも、もっとうまくやる方法はあっただろう。

投資していれば、がっかりすることは避けられない。少なくとも短期的には。

長年、個別株を入念かつ徹底的に調べあげて売買してきた人は、本書をここまで読んで愉快な気分にはならなかっただろう。

投資家のなかには個別株を売買するのが楽しいという人もいる。あなたがそういうタイプなら、運用資産のごく一部（５％か10％）をそうしたトレーディングに充《あ》てたらどうだろう。

そして残りの90％、あるいは95％を指数連動型ＥＴＦに投資し、数十年間放っておくことができるなら、この投資方法はうまくいったといえるだろう。

金融ジャーナリストのジェイソン・ツバイクは、投資の世界は大きな誤解で成り立っていると指摘する。「投資をおもしろいと思うなら、それはあなたのやり方が間違っているということだ。投資はさながら人間の関与を必要としない工場のように、機械的で反復的なプロセスであるべきだ。何かを変えようとすれば、ほぼ確実に失敗する。これを受け入れられない投資家が多い[56]」

次章のテーマは、ニュースが気になるという人、投資に真剣に取り組むなら少なくとも最新の経済データや専門家の予測、市場トレンドを知っておく必要があると思っている人へのアドバイスだ。

第6章　「情報」は収集すべきか？

経済予測の唯一の効用は、占星術をまともだと思わせることだ。

——複数のアメリカ大統領のアドバイザーを務めた経済学者ジョン・ケネス・ガルブレイス

パリのルーブル美術館を訪れたことがあるだろうか。もしあるなら、きっと「モナリザ」を鑑賞するために行列しただろう。

レオナルド・ダ・ヴィンチが１５０７年頃に描いたこの傑作は、〝世界で最も有名な絵画〟と形容されることが多い。「モナリザ」はまた世界で最も高価な絵画でもある。保険金を算定するための評価額は10億ドル近い。その人気は高く、毎年ルーブルを訪れる１０００万人の来館者のうち実に８００万人が、モナリザの謎めいたほほ笑みを観るのを目的としているという。

ルーブルは3万5000点以上の美術・古美術品を展示する世界最大の美術館だが、そのなかでも誰もが観たいと思う一品が「モナリザ」なのだ。

ただあまり知られてはいないが、「モナリザ」は常にルーブルの花形だったわけではない。これほど人気を集めるきっかけとなったのは、100年ほど前にヨーロッパのみならず全世界の注目を集めた盗難事件だ。

1911年8月20日日曜日の晩、3人組の泥棒がルーブルに侵入し、芸術品の保管庫に隠れた。

翌朝、3人は美術館が開く前に「モナリザ」を壁からはずし、さらに防護枠もはずすと、枠を毛布で覆った。それから誰にも見られずに姿を消した。

その日は騒ぎにならなかった。というのも、誰も「モナリザ」が消えたことに気づかなかったからだ。ルーブルの内部をデッサンしていた画家が「モナリザ」がないことに苛立ち、文句を言ったことで事態が発覚したのは28時間後のことだ。

「モナリザ」の盗難は世界中のメディアが報じた。

『ニューヨーク・タイムズ』紙は「60人の捜査員が盗まれた『モナリザ』を捜索。フランス国民は激怒」と報じた。数日後にルーブルが観覧を再開すると、それまで「モナリザ」が掛かっていた空っぽの壁に見学者が殺到した。

「モナリザ」の行方は2年以上もわからなかった。ようやく3人組の泥棒の1人、ビンチェンツォ・ペルジアがフィレンツェの美術商に鑑定に持ち込み、逮捕された。フタを開けてみると、泥棒は「モナリザ」を熟知していたことがわかった。絵を守るはずの防護枠のガラスを取り付けた人物だったのだ。ペルジアには懲役8カ月の判決が下った。[57]

当然ながら泥棒たちは転売しやすいように一般には知名度が低く、ただし芸術的価値は高い作品を狙った。盗難事件はメディアでセンセーショナルに報じられ、「モナリザ」はたちまちルーブルの中心的存在となった。

「モナリザ」盗難事件の教訓は、優れたストーリーには世界を変える力があるということだ。

テレビは消そう、スマホの通知はオフにせよ

メディアの報道が「モナリザ」の評価にそれほどの変化を引き起こせるなら、財産を増やしたいと思っている投資家の脳にどんな影響を及ぼせるか想像してほしい。

ほぼすべての投資家がニュースに関心を持っている。目的は危険なサインをキャッチすること、市場の現状を把握すること、そして今後何が起こるかをイメージすることだ。ただ投資の観点からいうと新聞を読んだりテレビをつけたりといった行為は、資産を増やすより減らしてしまう可能性が高い。

最新の経済情勢に精通していれば金持ちになれるのなら、ジャーナリストはみな大富豪になるはずだ。親愛なる読者のみなさまにこっそり教えよう。ジャーナリストたちはまったく富豪などではない。

確かに経済ニュースはおもしろいし、資産運用に関する記事は私たちの人生に影響を及ぼすかもしれない。

だがボーイングの受注が予想を上回っただとか、ネットフリックスがここ３カ月で欧州連合域内のサブスク会員を新たに５００万人獲得したとか、アップルが中国で地歩を固めるのに苦労しているといった情報は、投資家としての私たちに何の役にも立たない。

一番声の大きい者は、往々にして一番間違っている。たとえばジム・クレイマーはアメリカの金融ニュースチャンネル、ＣＮＢＣの花形キャスターとして20年以上にわたり、景気や市場の状況に基づいて日々どの銘柄を売買すべきか推奨してきた。

これほどの専門知識や人脈を持つウォール街の象徴のような人物なら、パフォーマンスでS&P500を上回っているのではないかと思うだろう。

だが現実には、クレイマーは市場に勝ってはいない。数年前のある研究では、ジム・クレイマーが設立した投資ファンドの過去15年のリターンは65%であったのに対し、同期間のS&P500のリターンは70%だった。[58]

つまりクレイマーがあれだけのエネルギーを注ぎ、何千件もの分析を重ね、有力な情報源に数えきれないほど電話をかけたにもかかわらず、投資家は彼にお金を預けるより単にアメリカの主要500社の株価と連動するETFを保有していたほうが儲かった計算になる。

市場が下落すると、メディアはすぐに災害モードに突入する。そして私たちは「ウォール街の大虐殺」「市場の暗黒の一日」「あなたのお金を守る3つの投資法」といった記事をこれでもかというほど見せられる。

作家で投資家のジョシュ・ブラウンは、25年近いキャリアのなかで市場の有為《うい》転変《てんぺん》を何度も経験してきた。そんなブラウンは投資家にこうアドバイスする。スマホのニュースアプリの通知を今すぐ、すべて、オフにせよ。

「ニュースアプリはあなたをスマホのホーム画面から自分たちの世界に引きずり込むように設計されている。広告を見せ、あなたの行動を測定するためだ」とブラウンは書いている。「あなたが注意すべきはニュースではなく、あなたを人生から引っぺがし、彼らの術数に引きずり込もうとするトラップだ。通知をオフにしよう」[59]

そんなことをしたら運用のパフォーマンスが落ちるのではないかと不安を感じた人こそ、一番スマホと距離を置くべきだとブラウンは言い添えている。

「速報ニュースに基づいて頻繁に株の売買を繰り返し、利益を上げている投資家はいない。ゼロだ。一人もいない。そんな方法で儲かるはずがない。必ず損をする。まだこの事実を知らない人も、いずれ自分の運用成績を振り返り、自分がピエロだったことに気づくはずだ[60]」

こうした観点に立つと、一番たちが悪いと僕が思うのは、特定の会社の株が上がった、あるいは下がった理由を説明する記事だ。

こうした記事には「今日、バンク・オブ・アメリカの株が下落した理由とは」、あるいは「ネットフリックス株が暴落した3つの理由」といった見出しがつく。

読んでいると、書き手にはこうした下落が起こることはわかっていた、そんな人物がわざわざ労をとって私たちに理由を説明してくれるのは奇跡のように有難いことだという気がしてくる。こうして株の下落を予測することは可能だという認識が一段と強まる。だが実際には、記事の筆者たちは株がどうなるかなど、まるでわかっていない。後づけで下落の理由を説明し、投資家からクリック数を稼ごうとしているだけだ。

「予測」のお粗末さ

ニュースメディアがまき散らす悪影響のなかでも、とりわけ有害なものの一つが「予測」だ。

市場に関する予測は、私たちが呼吸する空気にちょっと似ている。存在を意識することすらない。新聞紙上では専門家が「相場上昇のペースは速すぎ、値上がり幅も行きすぎだ」と警鐘を鳴らし、下落を覚悟すべきだと説く。テレビニュースではコラムニストが特定の産業あるいは企業の業績は「確実に」良くなる、それを踏まえて投資せよと語る。

こうした行為を彼ら自身がどう定義するかはわからないが、実態はシンプルだ。未来がどうなるかを伝えようとしている、つまり予測あるいは予想である。

近い将来、市場がどう動くかがわかるなら、僕ならそれをテレビでしゃべったりするような無駄なまねはしない。有り金すべてをはたいて自分のリターンを最大化する。まあ、考え方は人それぞれだが。

ベンジャミン・グレアムはよく言っていた。巷《ちまた》に市場の先行きに関する予測があふれているのは、未来を読む特別な才能に恵まれた人が増えたためではない、未来に何が起こるかを知りたくてたまらない投資家が何百万人もいるからだ、と。

「株に投資しようと思っている人はほぼ全員、市場がどう動くかを誰かに教えてもらいたいと思っている。需要があれば、供給されるのは当然だ[61]」

グレアムは同時代の専門家らの予測を評価していなかった。だがそれは何十年も前の話だ。その頃と比べれば予測の精度は高まったのではないか、と思う人もいるだろう。これほど高度なテクノロジーやデータが使えるようになったのだから、予測モデルは洗練されたのではないか、と。

残念ながら、未来の不透明感は相変わらずだ。

たとえば数年前、バンガード社は分析レポートにこう書いた。「今後数年間のパフォーマンスは良くても控えめ、というのが私たちの予測だ。今後5年間、高い市場リターンは見込み薄である[62]」

この予測から3年後、S&P500は70%以上上昇していた。

残念！

同じ頃、イギリスの金融大手バークレイズは「今後12カ月のS&P500の上げ幅は7%」と予測していた。実際には12カ月で21%上昇した。

残念！

ビジネスコラムニストのジョー・チドリーは数年前、トロントの『ナショナル・ポスト』紙に書いたコラムを通じて、株式市場について予測を立てることがどれほどリスキーな行為であるかを（身をもって）示した。

「賢い投資家とは『何が起こるか』など考えず、『何が起こっても』大丈夫なように分散投資し、合理的な資産配分をし、そしてそう、忍耐力をもって備えるものだ[63]」とチドリーは書いている。

この賢明な見解には強く同意する。だが残念ながら、チドリーのコラムはこれで終わらなかった。

「とはいえ実は、現実世界に生きる現実の投資家は、そんな行動はとらない。認めよう。

良きにつけ悪しきにつけ、やはりあらゆる意思決定には本能、直感、そして究極的には賭けの要素がある」。こう書いたうえで、チドリーは自分の予測は「実現するという保証は一切ない」と保険をかけている。

それから自分の〝直感〟を読者に語った。アメリカの株式市場はあまりにも急激に、あまりにも上昇しすぎた。今後は何年にもわたって長くつらい下落が待ち受けている。そしてウォール街ではなくトロント証券取引所こそが今後投資するのに最適な場所だ、と記事を締めくくっている。

この記事の3年後までにアメリカの株式は100％上昇していた。つまりS&P500指数は2倍になったのだ。一方、コラムが発表されてからの12カ月間で、カナダの株式市場の上昇幅はアメリカの3分の1にとどまった。

残念！

ここに挙げたお粗末な予測は、特異な事例の寄せ集めではない。アメリカの投資調査会社CXOアドバイザリー・グループは、8年間にアメリカの主要紙の金融欄に引用された68人の専門家による株式市場の成長率に関する予測6582件を分析した。

分析の結果、専門家の予測が当たった確率は47％と、コイン投げよりも低かった。[64]

お粗末な予測を笑うのはたやすい。だが笑えないのは、こうした予測は私たちの行動に影響を及ぼす可能性があるということだ。

予測記事を読んだら、プロの言っていることに従ってポートフォリオを修正したくなるかもしれない。なんだかんだいっても、専門家は高い教育を受け、高い報酬を得ている。話し方も偉そうだ。この分野に精通しているに違いない！

だが歴史を振り返れば、そうではなかったことがわかる。

作家で投資家のアンドリュー・ハラムは僕とのインタビューで、自分が30年以上にわたって株式投資で成功してきた最も重要な要因の一つは、金融のプロの警告、エコノミストの分析、そして相場を動かすはずの主要な出来事に一切関心を払わなかったことだと語った。

「成功の秘訣は市場を無視する習性を身につけることだ」とハラムは言った。「短期の株式市場の動きはドラッグのようなものだ。絶対にその影響を受けてはならない。長期的に見れば、ほとんどの企業の利益は増加する。それがすべてだ。重要なのは、投資をいかにシステマチックに行うかということ。優れた投資家になるには、強い自己規律が必要なのはこのためだ」

金融誌『フォーブス』の経営者、スティーブ・フォーブスはかつて、金融専門家は短期の市場の動向を予測するのは不可能であることをわかっている、それでも予測を出しつづけるのはそれが仕事だからだ、と語った。

「この業界においては、アドバイスに従うよりアドバイスを売ったほうがカネになる。この事実と読者の忘れっぽさが雑誌ビジネスを支えている」[65]

不人気な投資資産の実際のリターン

経済危機最中の2011年、世論調査会社のギャラップがサンプリングで抽出したアメリカの成人1000人にこう問いかけた。これから数年で、最も成長すると思う投資対象は何か。

回答者が挙げたのは金《きん》（34％）、続いて不動産（19％）、それから株（17％）だった。

> 大口投資家も小口投資家も、低コストのインデックスファンド一本槍《いっぽんやり》にすべきだ。
>
> ――ウォーレン・バフェット

10年後、結果が出た。ギャラップ社の調査に答えた通りに人々が投資していたら成績は散々だった。調査時点で金に投じた1万ドルの価値は10年後、1万300ドル止まりだった。同じ金額を不動産に投じていたら2万3000ドルになっていた。そして同じ金額を株式に投じていたら3万8600ドルになっていた。

つまり回答者に不人気の投資資産ほどリターンは高かったのだ。

振り返ってみると、回答者の選択から読み取れるのは市場の未来ではなく、調査当時彼らが何を不安に思っていたかだ。当時アメリカ経済は不況に近かった。株価は数年にわたって低迷していた。今の私たちには株には大きな上昇余地があったことがわかっているが、当時人々は株については聞きたくもないという状況だった。

不人気な投資資産はずっと不人気で、人気のある投資資産の人気はずっと続くと考えるのは人間の本能だ。だが市場は人間にとって何が論理的か、当たり前か、自明であるかに頓着しない。

とにかく投資しつづけよ

ウォーレン・バフェットはかつて、戦争やパンデミックのような歴史的災禍のなかにあっても投資をやめるべきではない、と語った。

ある年の株主への手紙に、自分が初めて株を買ったのは日本軍が真珠湾を攻撃した3カ月後の1942年3月11日だったと書いている。

1942年当時のニュースは、控えめに言っても不安を煽り立てるようなものばかりだった。アメリカはその直前に連合軍に加わったが、戦争は計画どおりに進んでいなかった。

バフェットが初めて株を買う3日前の『ニューヨーク・タイムズ』紙にはこんな見出しが躍っていた。「日本軍、バンドン戦線を撃破」。翌日には「日本、ニューギニア島に2地点から上陸。ラングーンを制圧、ビルマでは西に進撃」。さらにその翌日は「敵軍、オーストラリアに進軍。ジャワ島で9万8000人投降」といった具合だ。

そしてもちろん、ニューヨーク証券取引所は暴落し、大恐慌末から回復した部分がすべて消し飛んだ。

それでも第二次世界大戦中に株式市場に参戦したバフェットは、その後の人生を通じて驚異的リターンを享受してきた。自らを取り巻く状況に怖気づいていたら、投資を始めていなかったかもしれない。

私たちが身を置く世界は当時より不透明感が高まっていると言う人もいる。各国は多額の債務を抱えており、経済成長が続くかどうかは予断を許さない。歴史的な景気後退、あるいは途方もない政治危機が起こりそうな気配だ、と。

それに対して僕は、時代とは常に不透明なものだ、と答えたい。世界平和を脅かすような暴力的な出来事は常に起きている。景気後退や不況のリスクは常にそこにある。過去10年に起きた暗い出来事の一部を挙げてみよう。

・ロシアがウクライナに対して不法な大規模侵攻を開始。数千人が殺害された。
・アメリカの首都ワシントンDCで暴動、死者も発生。
・新型コロナウイルス感染症のパンデミックにより数百万人が死亡、株式市場が暴落し、世界的不況が発生。
・イランが支援する武装組織がサウジアラビアの製油所を攻撃。
・アメリカが中国との貿易戦争を宣言。
・北朝鮮が6度目の核実験を実施。
・ロシアがアメリカの大統領選挙に不法に介入。あらゆる人の予想に反してドナルド・トランプが当選。
・欧州連合がギリシャからの度重なる経済支援要請を拒絶。
・欧州中央銀行がマイナス金利を採択。
・ボストンマラソンをテロリストが襲撃、3人が死亡、280人が負傷。

みなさんがどうかはわからないが、僕はこのリストを読むだけで不安な気持ちになる。では、世の中の話題を独占し、新聞紙面を埋め尽くしたこうした危機によって、投資家は市場から逃げ出しただろうか。

答えは「ノー」だ。

このように悲劇的で、衝撃的な出来事があったにもかかわらず、10年前に株式市場に投資した1万ドルはこの間、3万4000ドルに増えている。年率にして13%以上の成長だ。

どの時代にも危機や悲劇は起こり、不透明感は漂う。だからといって私たちは投資をやめるべきではない。

投資という観点からいえば、このような不安感と長期投資は両立不可能ではない。今

地球温暖化時代の投資

地球温暖化は過去に例のない問題であり、この新たな脅威によって将来のリターンは予想より低くなるのではないかと懸念する投資家もいる。

今後数十年の温暖化の進展については複数のシナリオがあり、この差し迫ったリスクに人類がどう対応するかは不透明だ。

イギリスに本拠を置く国際的な資産運用グループのシュローダーは、今後30年で気温上昇や異常気象の頻発が金融市場に及ぼす影響を調べた。

その分析によると、経済的に最も大きな影響を受けるのはインド、シンガポール、オーストラリアで、温暖化の影響がなかった場合と比べて市場リターンは低くなる可能性が高い。

他の国々は逆の影響を受ける可能性がある。たとえばカナダ、イギリス、スイスは温暖化がなかった場合と比べて、今後30年で生産性が高まり、株式市場のリターンが上昇するとみられる。

「ここからは今後30年がこうした国々にとって明るいものに思えるが、さらに長期で見ると、気温は一段と上昇し、経済的損失も一段と広がる」と、リサーチを担当したクレイグ・ボサムとアイリーン・ラウロは書いている。「また分析は経済的影響と市場リターンのみに照準を合わせており、地球温暖化の他のマイナスの影響については見ていない。気候変動について何もせずにいることを肯定するものではない[66]」

国際的な保険会社、スイス・リーが実施した別の調査でも、気候変動の経済的悪影響が特に大きいのは南アジアと東南アジアの国々で、北半球の先進国経済は影響を受けにくいことが示されている[67]。気温上昇について最↖

↘悪のシナリオが実現した場合、今世紀半ばには世界経済の規模は気候変動がなかった場合と比べて18%小さくなる。[68] それでも現在よりははるかに大きい。国連によると世界人口は現在の79億人から、2050年には98億人に増加する。

気候変動とその地球への影響は憂慮するべきだし、力を尽くして食い止めるべきだと僕は思う。環境を汚染する企業を投資家がポートフォリオから排除するのはかつてないほど簡単になっている。この点については第9章で詳しく述べるつもりだ。

後株式市場がもたらすリターンは過去より低い水準になるかもしれないが、私たちはそれを受け入れる術を身につけることができるだろう。

西洋は衰退するのか

西洋の最良の日々は終わった、と主張する人々もいる。20世紀に経験した成長は21世紀には継続できない、今後は長らく中国が世界を支配するだろう、など。

この見解の問題点は、西洋の衰退は過去1世紀以上にわたって毎年予言されてきたという事実だ。

1918年にはドイツの知識人、オスヴァルト・シュペングラーがその名もずばり、『西洋の没落』と題した本を発表、ベストセラーとなった。こうした前提に基づいて動いた投資家たちは、おそらく輝かしい成果をあげられなかっただろうとだけ言っておこう。

僕はこの点について、金融ジャーナリストで投資家のモーガン・ハウセルと議論する機会に恵まれた。ハウセルはたとえば21世紀は中国の台頭が続くだろう、という見方には同意した。だからと言って、それで西洋が暗黒時代に突入するというわけではない。

「大学を卒業しようという若者たちに、アメリカと中国のどちらに住みたいか尋ねてみればいい。99％がアメリカを選ぶだろう」とハウセル。「言葉の壁だけの問題ではない。購買力を生活コストで調整すると、アメリカ人は今でも中国人より5倍豊かだ[69]」

生産年齢人口は中国では縮小しはじめたが、アメリカではまだ増加している。また、たとえ経済成長率が低くても、イノベーションの発信地はやはり西洋だとハウセルは語る。

「アップル製品を見れば、『デザイン：カリフォルニア、組立：中国』と書かれている。学生たちにどちらの製造工程に身を置きたいかと尋ねれば、答えはおのずと明らかだ[70]」

富を蓄え、生活水準を高めるためには、なんとしても国家の政治的・経済的影響力を高めなければならないと考えている人はイギリスを見てほしい。

数世紀にわたって政治的、経済的、軍事的に世界を支配していた大英帝国は、いまや歴史教科書の中にしか存在しない。だが１９８４年にイギリスの大企業群に１万ドルを投資していたら、２０２０年には19万ドルの価値になっていた（配当を再投資したと想定した場合）。

良いニュースと悪いニュースの影響力

研究によると、私たちは良いニュースより悪いニュースに影響されやすい。悪いニュースを聞くと、心拍数が高まる。

金融市場をめぐっては、悪いニュースに注意が向きやすいという人間の特徴がとりわけ顕著になる。

株式市場が大きく下落した日には、ニュース番組が速報を増やすのは誰もが知っている。すると心配顔の専門家が次々と「株式市場のパニック」について解説を始める。年金生活者への影響、「危機で大きな損害を被った人々」などについてとうとうと語る。そして影響は実体経済に波及するのか、「不況が差し迫っているのか」を議論する。

だが市場が大幅に上昇した日に、速報が流れたことがあるだろうか。同じ専門家たちがインタビューを受け、なぜ相場が上がったのかと聞かれるだろうか。

株式市場のパニックは勢い込んで報じる一方、相場上昇については無視を決め込む姿勢は、国民に株式市場は危険で、用心すべき脆弱なシステムだという印象を与える。投資する人がこれほど少ないのも、上手に投資できる人がさらに少ないのも当然だ。

株式市場の暴落は、投資の世界における僕のお気に入りのテーマの一つだ。知れば知るほど興味が湧いてくる。

自分の運用資産の価値が急落し、義理の兄が「オレは投資したものすべて売っ払ったぜ」というメッセージを送りつけてきたとき、どうすれば冷静さを保てるだろうか。次章ではその方法を見ていこう。

第7章　市場の「調整」にどう対処する？

世界はおよそ10年に一度は崩壊する。そう心得た長期的楽観主義者であれ。

——金融ジャーナリスト、モーガン・ハウセル

激しい雷雨に見舞われた1752年5月10日の午後、パリ近郊の見張り小屋に屋根を貫く高さ12メートルほどの金属棒が設置されていた。小屋に詰めた勇気あるボランティアの目の前で火花が散った。

この実験はセンセーションを巻き起こした。実験を計画したトーマス＝フランシス・ダリバールは、ベンジャミン・フランクリンが提唱した「雷は電気現象である」という仮説を検証したのだ。

人間は数千年にわたって雷は神々の怒りを表す超自然現象だと考えてきた。神々の怒

りをなだめるため、古代ギリシャやローマの人々は雷が落ちた場所に神殿を建立してきた。

その後ヨーロッパの都市や村々は、嵐が近づくと脅威を撃退するために鐘を鳴らした。とはいえ、それは鐘を鳴らすために鐘楼にのぼった人々を危険にさらしただけだった。ドイツでは1700年代半ばの35年間に、386カ所の教会に雷が落ち、100人以上の鐘つきが命を落とした。北イタリアでは1769年、サン・ナザロ教会に雷が落ち、ベネチア共和国が地下に保管していた何千キログラムもの火薬が爆発して3000人が亡くなった。[71]

フランクリンやダリバールのおかげで船や建物に避雷針が設置されるようになり、嵐のなかでも乗員や居住者の安全が守られるようになった。フランクリンはさらに史上初めて「electrical battery（＝電池）」という言葉を生み出し、電気によって人々の暮らしが豊かになる新時代の扉を開けた。

雷のメタファーは、「株式市場の暴落」という投資家にとってとりわけ恐ろしい現象を理解するのに役立つ。

株式市場が暴落すると、どれほど理性的な人でも雷に打たれたようにマヒしてしまう。

だが電気と同じように、市場の暴落も本来歓迎すべきものだ。

シンプルだが、腹落ちしにくい教訓である。

パニックを起こさない

僕自身、数年前に勤めていた新聞『ラ・プレス』が非営利組織に転換した際、それを経験した。

僕を含む社員は、積み立てていた企業年金をそれまでのオーナーであった多国籍企業に委ねるか、あるいは積立金を受け取って自分で運用するか、選択を迫られた。ほぼ全員が前者を選んだ。

ただ僕は積立金を引き出して自分で運用するほうを選んだ。計算の結果、月並みなリターンでも多国籍企業の運用担当者が提示していた金額より資産は増え、自由度も高まるとわかったからだ。

別の同僚も同じ選択をした。ただ自分で運用はしたくなかったので、受け取った積立金は金融アドバイザーに預けた。まもなく彼は毎日自分の資産がいくらになったか確認するようになった——まったくおススメできない行為だ。

たまたま当時、株式市場は下落局面にあった。世界中の株式市場で株価が日々下落していった。

1980年代のヒットソングがダンスフロアに流れるクリスマスパーティの席で、同僚は僕の肩を叩き、耳元でこう囁いた。「僕はもう1万5000ドルも損しちゃったよ」。自分の選択を後悔しているような顔をしていた。

数日後、同僚は僕のオフィスを訪ねてきた。株価は数カ月で20%下落していた。「キミのアドバイスが欲しいんだ」と彼は言った。「僕のアドバイザーは今後も株価は下がりつづけると思っているんだ。キミはどう思う?」

僕はお手上げだ、という感じで両手を挙げた。「わからないよ。相場はここからさらに20%下落するかもしれないし、明日の朝から反転するかもしれない。誰も水晶玉なんて持っていないんだ。一番いいのは、何もしないことだよ」

市場の下落は止まった。それからの1年で株価は約32%回復した。同僚に再び笑顔が戻った。彼が第一関門を突破したことをここで報告しておこう。結局、株は売らなかったのだ。

たいていの人は、自分なら株式市場の暴落をパニックにならずに切り抜けられると思っている。だが暴落はスマホの画面上で起こるのではない。数カ月、数年分の給料と同額が吹き飛んでしまったことに気づけば内臓にズシンと来る。

人はそれぞれ違う。市場の暴落にまったく反応しない人もいる。一方、冷静さを保てない人もいる。

大手金融機関はこれをわかっていて、相場の乱高下を恐れる投資家を安心させるため、市場に連動したさまざまな保証付きの金融商品を扱っている。こうした〝安全性が高い〟商品は、グロース（成長）に加えて、市場が暴落したときも資産がなくならない安心感を売りにしている。ただしさまざまな制約や隠れた手数料が盛り込まれていて、販売する金融機関にとってはとても儲かる商品でもある。

こうした金融商品の土台となるのは、株式市場の暴落は忌むべきもの、全力で回避すべきものだという考えだ。

僕も長い間そう考えていた。自分のポートフォリオの価値が下がるのを見るたびに動揺した。だがこの見方は１８０度変わった。今では自分のポートフォリオが上がるか下がるかより、明日の天気のほうが気になる。

市場の下落にどう反応すべきかを学ぶことの大切さは、どれほど強調しても足りない。

株式市場につきものの変動に動じない姿勢を身につけないかぎり、投資に成功することは不可能だ。

暴落はありふれたこと、避けられないこと、そして必要なこと

2020年に起きた新型コロナウイルス感染症に起因する市場の暴落によって、僕の運用資産はかつてないほど落ち込んだ。ほんの数週間で、数年分の給料に匹敵するほどの大きな穴が開いた。それでも売却を考えることもなければ、不安で眠れなくなることもなかった。とはいえ自分に特別な才能があるとか、マゾの気があるとも思わない。

なぜ平静でいられたのか。それは株式市場の暴落はありふれた事象で、避けることはできず、また必要なものでもあると学んだからだ。

たとえば過去のデータが最もよくそろっているS&P500を見ると、1920年代以降、平均して年3回、5%の下落が起きている。[72]

さらに急激な下落も頻繁に起きている。過去100年を振り返ると、ほぼ16カ月に一度のペースで10%の下落が起きている。

では20%の下落はどうか。過去100年で見ると平均して7年に一度のペースで起き

ている。そして1950年代以降、S&P500の50%近い下落は3回、つまり22年に一度起きている。

「株式市場が乱高下すること」は周知の事実で、これほど頻発しているのだから、いまさら驚くに値しない。だがそれでも毎度のことのように投資家は驚かされている。

下落によるダメージは、通常長続きしない。たとえば第二次世界大戦以降、20%以内の調整であれば回復して下落前の状態に戻るまでの期間は平均4カ月だ。[73]

そして1974年以降にS&P500が10%以上下落したケースを見ると、底を打った翌月には平均8%以上、1年後には平均24%以上上昇している。[74]

金融史上最悪の惨事であった1929年の大暴落の後でさえ、市場は10年も経たずに回復している。暴落直前の株価のピーク時にニューヨーク証券取引所に投資した不運な

人間は落ち着いて座っていられない生き物だ。常に思い悩み、不満を抱え、進歩しようとし、未来を読もうとする。

——作家ジョナサン・クレメンツ

投資家も、市場が底を打ってから4年半後の1936年には失ったお金をすべて取り戻せたはずだ。それが可能だったのは、大恐慌の最中ですら企業は株主に配当金として利益の一部を還元し続けたからだ。

市場に参加する「入場料」

市場の調整がこれほどつらいのは、それが罰のように感じられるからだ。何か悪いことをして、厳格な先生にお仕置きされるような気持ちになる。

だが市場の調整は罰ではない。市場に参加するための入場料のようなものだ。

「タダで市場リターンを得られたためしはないし、今後もないだろう」。金融ジャーナリストで投資家のモーガン・ハウセルの言葉だ。

ハウセルは著書『サイコロジー・オブ・マネー——一生お金に困らない「富」のマインドセット』で、市場の調整はシステムのバグではない、と書いている。投資資産の価値が下落する可能性を受け入れることは、長期的に資産を増やすのに必要な対価だ。調整なくしてリスクなし。リスクのないところにリターンもない。

だが労せずに報酬だけを得ようとするのが人間の本能だ。

その結果、投資家は「対価を払わずにリターンだけを得ようと小細工を弄し作戦を練る。要するに、株を売買するのだ。次の不況が始まる前に売り抜け、次の上昇相場が来る前に買おうとする。（一見すると）論理的な行動だ。だがお金の神様は対価を払わずに報酬だけを得ようとする者をよく思わない」[75]

ポートフォリオ・マネージャーのマーク＝アンドレ・タルコットは、成功している投資家には共通点があることに気づいた。周囲がみなパニックになっていても、迷わず運用を続けていることだ。

タルコットは経済的成功者の例として、起業家や不動産オーナーを引き合いに出す。「起業家は毎朝目覚めた途端に会社の時価総額を計算したり、保有する不動産の価値を調べたりはしない。事業の利益や売上状況を見る。結局のところ、それが事業の価値につながっていくからだ。彼らは長期的にモノを考える。会社が株式市場に上場したからといって、そうした姿勢を変える必要があるだろうか。株式市場に投資する人々の問題は、資産価値の変化が毎分、毎秒見えてしまうことだ。スタートアップ企業や不動産の価値は毎日算出されるわけではないので感情に影響を与えない」

重要なのは経験だ。株式市場の変動に最も弱いのは、比較的年を取ってから投資を始めた人、それも遺産相続や事業売却などでまとまった金額を投資しはじめた人だ、とタルコットは指摘する。

「こうした人たちは相当な金額を手にして、それをいっぺんに投資する。しかし市場が上がったり下がったりすることに免疫がない。急な変化が起きるたびにパニックになる。だから私の仕事の8割は、彼らのメンタルを管理することだと思っている。残りの2割がパフォーマンスの管理だ」

結論を言うと、成功の対価を払おう。ポートフォリオに余計な手出しをするのはやめよう。運用資産の価値は増えることもあれば減ることもある。一喜一憂しても意味がない。

言うまでもなく、このアドバイスが有効なのは市場を幅広くカバーする、手数料の低いインデックスファンドかETFを保有している投資家だけだ。こうしたファンドには数百、数千社の株式が含まれている。歴史を振り返れば、株式市場は常に上昇する道を見いだしてきた。一方、個別企業のなかには結局復活せず、最終的に株式の価値がゼロになったところも多い。個別株への投資が市場全体への投資よりリスクが高い理由の一つはここにある。

高値づかみはいやですか

多くの人が恐れるのは市場の調整だけではない。投資商品を高値づかみすることも死ぬほど恐れている。

この恐れは、相場が過去最高水準にあるときに投資をためらう、というかたちで表出する。「相場はここ1年で31％も上昇した。すべてが高すぎるから、今は投資するタイミングじゃないな」と考えるのだ。

テレビやスキー板を割安な値段で買おうとセールの時期まで待つのと同じように、市場が下降局面に入るまで投資を手控える人もいる。

その気持ちは僕にもよくわかる。誰でもそうだが、僕だって日用品を定価で買いたくはない。だがスキー板ならうまくいく話が、投資の世界にも当てはまるわけではない。こと投資においては、安くなるまで待つという作戦は資産を減らすことにつながる。

実は、株式市場が史上最高値を記録するのはふつうのことであり、決して珍事ではない。だから市場がしばらく上昇を続けたから、あるいは最高値を更新したから投資を先送りしようなどと言っていると、そうした状態が長く続く可能性がある。

金融ライターのベン・カールソンは、S&P500は1928年以降、平均して20営業日ごとに史上最高値をつけてきたと書いている。[76]

1926年から2019年のあいだ、S&P500はほぼ4年に3年は上昇している。上昇相場の翌年も、ほぼ4年に3年は上昇している。[77]

10%以上上昇した年の翌年はどうか。それほど上昇した翌年も、ほぼ4年に3年は上昇した。

ではとてつもない、ありえないような、ヒマラヤ山脈並みの高い水準に達した年、たとえば12カ月で50%上昇したら、その後はどうなるか。それほど上がったら間違いなく大きな調整が入るだろう。

だが答えは「ノー」だ。歴史を振り返ると、とてつもなく上昇した翌年は確かにS&P500は平均1・5%下落していた。だが50%上昇した年から3年後の平均リターンは42%、5年後の平均リターンは66%だった。この計算には配当金は含まれていない。「前年の実績をもとに翌年の株式市場の動向を占うのは、考えるよりずっと難しい」とカールソンは述べている。[78]

あるいは、コイン投げを何度も繰り返すところを想像してみるといい。表が出たか裏が出たかをノートに書き留めていくとしよう。何度か連続して裏が出ることもある。ただ裏が続いたからといって、次は〝必ず〟表が出ると決まったわけではない。前回の結果は、次のコイン投げの結果に何の影響も及ぼさない。

コインを投げたとき、表が出る確率は50％、裏が出る確率も50％だ。株式市場の場合、確率は投資家にとって有利だ。すでに述べたとおり、北米の株式市場の歴史を振り返ると、10年中７年は上昇している。

この教訓は直感的には受け入れがたいが、相場がピークに達しているからと言って投資を手控えるべきではない。

下落はいずれ必ず起こる。だがそのタイミングと幅を確実に予測しつづけるのは不可能だ。

株価下落のとてつもない恐怖

投資家なら誰しも市場が大幅に下落し、低迷している時期に投資したいと考える。だが実際には、ことはそれほど単純ではない。

過去の株価チャートで相場が下がった局面を見つければ、ここが底値で株を買うチャンスだと思うだろう。しかし実際に下落相場を経験すると、チャンスという気分など吹き飛んでしまう。

過去の株価下落について冷静でいられるのは、それがどう終わったかを知っているからだ。だが目の前で起きている下落について、冷静でいるのはとても難しい。それはとてつもない恐怖感をともなう。真っ暗な洞穴に懐中電灯なしで入っていくような気がする。暗闇に何が潜んでいるかは誰にもわからない。手探りで必死に前に進むしかない。

市場の調整はときには数週間、数カ月続くこともある。それは投資家の不安を高め、弱気にさせ、すべてに疑問を抱かせる。

こうした状況では、たいていの人は金融資産を買うことなど思いもしない。そして買えば買ったで、すぐに価値が下落する可能性は高い。

投資商品を買った数分後に値下がりするのを目の当たりにしたら、給料袋をロウソクの火の上にかざしているような気になる。控えめに言っても、あまり気持ちのよいものではない。僕の場合、こうした状況で動じなくなるまでに10年かかった。

長期的に見れば、株式市場は常に最高値を更新する道筋を見いだしてきた。だが短期的には恐怖感のほうが金儲けをしたいという欲求よりもはるかに強烈だ。こんな場面で冷静さを保つほど難しいことは人生になかなかない。投資家のバランスシートが危うくなるのはこういうときだ。

作家で金融アドバイザーのガース・ターナーは投資家心理をこんなふうにまとめている。「私は35年におよぶキャリアのなかで、同じストーリーを何度も見てきた。相場は上昇するのがふつうで、調整のほうが例外だ。景気は拡大期のほうが縮小期より多いし、その幅も大きい。危機は急激だがすぐに終わる。景気後退は頻繁には起こらず、常に短期間で終わる」

バランスのとれた分散型ポートフォリオを運用している投資家は、恐怖を煽ろうとする業界の声に惑わされてはならない、そうした声は株式市場が荒れたときほど大きくなる、とターナーは書いている。「運用資産について頭を悩ませるのはやめよう」と説く。[79]

投資家で作家のハワード・マークスは株式市場で大きな危機が発生したときの自分の思考プロセスをこう説明する。「突き詰めれば、これは世界の終わりなのか、そうではないのかという問題だ。世界の終わりではないのに株を買わなかったら、投資家としてやるべきことをやらなかったことになる」。そう考えれば投資家が何をすべきかは「このうえなくはっきりする」とマークスは言う。[80]

相場は前触れなく回復する

新型コロナ危機が始まった当初、主要な株式指数は軒並み大幅に下落した。S&P500はほんの1カ月ほどで30%以上下落した。これほど急激な下落は過去にも例がない。数百万人の他の投資家と同じように、僕も市場にくぎ付けになった。投資にまわすお金がある間は、さらなる値下がりを想定しつつETFを買った。資金が尽きると、もう何もしなかった。

同じころ、多くの友人・知人もコンピュータと向き合っていた。長年投資を続けてきた人もいれば、ファイナンスを正式に学んだ人、金融業界で現役で働いている人もいた。数週間にわたって自分のポートフォリオの価値が急減していくのを目の当たりにした友人たちは、市場の調整は始まったばかりだと結論づけた。そこで保有資産をいったん売却し、さらに値下がりしたところで買い戻そうと考えた。

当時のニュースは悲惨な状況を伝えていた。いくつか見出しの例を挙げよう。

・コロナ暴落が続くなかダウは約3000ポイント下落、1987年以来最悪の下げ

幅（CNBC）

・コロナ患者数の急増を受けてカリフォルニア州知事が全州民に「自宅待機令」（CNBC）

・トランプ大統領、コロナパンデミックで中国を非難「彼らのせいで世界がとてつもない代償を払っている」（CNBC）

・コロナウイルス――致死率は低いものの、死者数はSARSとMERSの合計を上回る（ブリティッシュ・メディカル・ジャーナル）

・中国、コロナ流行で7億8000万人の移動を制限（CNN）

・コロナ不況は中産階級に大きな打撃（バロンズ）

・ロイター世論調査――コロナ禍で世界はすでに不況に突入（ロイター）

僕は30年近くニュースを追ってきたが、メディアが世界の終わりのような見出しをこれほど大量に出したのはアメリカ同時多発テロを除けば初めてだ。

ほとんどの読者や視聴者はおそらく投資するには最悪のタイミングだと思っただろう。だがそうではなかったことが今はわかっている。

前ページに挙げたような恐怖を煽る見出しが並んでから1年間で、S&P500は70%上昇した。誰も予想しなかったほどの急騰だ。

「平均すると、市場の回復は前向きなニュースが出始める6カ月前から始まる」と語るのはポートフォリオ・マネージャーのリチャード・モリンだ。「たいてい回復は、新聞がこの世の終わり的なニュースばかりを報じている頃から始まる。コロナのときもそうだった」

僕の友人たちは急いで株を買い戻したが、回復の一部は取りこぼした。それでも運の良いほうだ。どんな危機のときもそうだが、多くの投資家は相場回復に完全に乗り遅れる。彼らが己の損失と向き合っている間に市況は変化し、回復を始める。投資家が呆然とし、株を買い戻す気力を持てないうちに相場は大幅に回復してしまう。

授業料の高い、非常につらい失敗だ。

投資資産が値下がりしても保有しつづけることが重要だ。というのも回復は何の前触れもなく始まるからだ。ミシガン大学のH・ネジャット・セイハン教授が調査した30年間で、米国の相場上昇のほぼすべてが市場の開いていた7500日のうち90日、つまり全体のわずか1%ほどの取引日に生じていた。市場から資金を引き出し、この1%の取引日を逃してしまった投資家は、30年の長きにわたって一切運用益を得られなかったことになる。[81]

市場のパニックの最中に、あるいはパニックが起こると予想して売却するのは、自分には未来を予測する力があると考えることでもある。これほど投資家にとって最も高くつく〝直感〟はないかもしれない。

こと投資においては、直感など舞い降りてこないに越したことはない。

ウォーレン・バフェットもこう言っている。

「市場で何が起ころうとしているかなど、私にはまったくわからない。今日、今週、今月、あるいは今年市場がどうなるかなど自分にわかるはずはないし、知る必要があると思ったこともない。だが10年後、20年後、あるいは30年後に株は今よりずっと高くなっているとは思う[82]」

直感に従うのは間違い

いずれにせよ、できるだけ安値で投資商品を買うために時間と労力を費やしても、期待するような目覚ましいリターンは得られない。

たとえば信じられないようなツキに恵まれ、相場が下落するたびに底値で投資できた人がいたとしよう。

金融アナリストで作家のニック・マギウッツリが計算したところ、1970年から2019年にかけて相場が下落するたびに底値で投資できるというとんでもない幸運に恵まれた人でも、市場の変動など一切おかまいなしに毎月一定額を投資しつづけた人と比べてリターンは0・4%高いだけであることを突きとめた。[83]

つまり最高のタイミングで投資を続けること（要は完璧に機能する水晶玉を持っていること）による追加リターンは、たった0・4%だということだ。実際に毎回完璧なタイミングで投資できる可能性は極めて低いのだから、着実に投資し続けるよりリターンは悪くなるだろう。

改めて書くが、直感に従うのは間違いだ。投資するのを待て、という頭のなかの囁きに耳を傾けるのが間違いなら、心の平穏を得るために投資資産を売却するのも間違い。投資ほど直感が災いするものはなかなかない。

方針は変えない

　ここまで述べてきたことをまとめると、投資における最も重要なルールの一つは、一度決めた方針を変えないということだ。ひとたび株と債券の配分を決めたら、何も変えないのが一番だ。手元に資金があるときは追加投資していく。資金が必要なときは引き出す。それだけだ。

　それを難しいと感じるのは、私たちは優れた投資家になるように生まれついていないからだ。人類が地球に誕生してから何十万年も生き延びてきたのは、危機が起きたときにのんびり構えていなかったからだ。敵に食料を略奪されたり、家が火災の危険にさらされたりしたら即座に反応したのだ。

　だが投資の世界では、こうした反射的ふるまいは凶と出る。

　投資家で作家のパトリック・オショーネシーはこんな言葉で表現する。「どうすればうまくいくかあれこれ考えるより、ありふれた落とし穴を回避することに集中せよ」

　オショーネシーは運営するポッドキャスト『インベスト・ライク・ザ・ベスト（達人のように投資しよう）』で、アフリカでサファリをしたときのエピソードを語っている。ガイドはライオンが襲ってきたら足を止めてじっとしていろ、走って逃げようとすると攻撃されるリスクが高まるから、と口を酸っぱくして言っていたという。

「ライオンが襲ってきたら逃げるな、と100回は言われた。ガイドはみな50回以上襲われたことがあるという。走って逃げなければライオンはかかってこず、襲われずに済む。この知恵を100回聞いて頭に叩き込んでおく必要があるのは、投資のときと同じように人間の本能は『逃げろ！』と訴えかけてくるからだ[84]」

自分の運用資産があっという間に目減りしていくのを目の当たりにすると、脳は怒ったライオンに襲われたときのような恐怖を感じる。昨日まで自分の懐にあったお金が消えてしまう。体内の細胞の一つひとつが脅威を撃退するために何か（なんでもいいから）しなければと焦る。

相手がライオンであるときもそうだが、生き残る秘訣は脅威と戦うことではなく、自分の本能と戦うことだ。

地下鉄でイライラしてもしかたがない

僕が自宅から大学に通っていた頃、授業が終わると地下鉄に14駅乗り、それから路線バスに乗り換えなければならなかった。バスは1時間半に1本しかなくて、絶対に乗り遅れたくなかった。

なぜ女性のほうが投資が得意なのか

複数の研究が、株式市場では女性のほうが男性よりもパフォーマンスが良いことを示している。男性よりも取引の頻度が少なく、分散型ファンドを好むためというのがその理由だ。[85] イギリスの投資会社ハーグリーブス・ランズダウンが顧客を調査したところ、３年の期間中、女性の運用成績は男性を年率0.81％上回っていた。これが30年続くと、女性は平均して男性よりも25％多い運用資産を手にすることになる。[86]

地下鉄に乗りながら、何度も腕時計を見てバスに乗れそうか確認していた。時間が経つにつれて、ストレスレベルは上がっていった。そういうときでも、地下鉄は乗降客の一人もいない駅にいちいち停まる。１秒無駄な時間が過ぎる度に、イライラで頭が爆発しそうになった。バスに乗り遅れちゃうよ！

しばらくして自分の行動に何の意味もないことに気づいた。僕は地下鉄の運転手ではなく、乗客だ。イライラしながら乗車時間を過ごしても結果は変わらない。バスに間に合うか、間に合わないかだ。ひとたび地下鉄に乗ってしまえば、結果を変えるためにできることは何もない。

頭からどれだけ湯気を噴き出しても、何の足しにもならない。そう気づいたときの解放感は、今でも覚えている。

この地下鉄のケースと同じで、私たちは金融市場を動かしているわけではない。ただの乗客だ。そこに早く気づくほど、自分がさまざまな感情や不安を抱くのが非生産的であることを早く理解できる。

僕は投資収益ではなく給料で生活している。引退して投資収益だけで生活費を賄うようになっても、市場が暴落したとき冷静さを保てるかはわからない。すでに説明したように、投資収益で暮らす退職者は一般的に市場変動への許容度が低く、ポートフォリオに占める債券ＥＴＦの割合を高めておく必要があるのはこのリスクを抑えるためだ。

自分の投資資産の価値を執拗にチェックする投資家は、スキー場のリフトの技術的問題に目くじらを立てるスキーヤーにも似ている。

もちろんスキーをするのにリフトは欠かせない。だが投資と同じように、リフトは手段であって目的ではない。正しく運用されればほとんど意識されない背景になり、表舞台から消えるはずだ。

要するに、誰も市場の下落をコントロールできる立場にはない。だが幸い、それに対する自分の反応をコントロールすることは１００％可能である。

相場の下落は避けられない。下落を完全になくすのが好ましいことでもない。

単純なことだが、簡単ではない。

この点についてはチャーリー・マンガーの有名な発言がある。「投資が簡単なら誰もが金持ちになるだろう。だから簡単なはずがない。簡単だと思う者はバカなんだ」

ではあなたは自分で資産を運用すべきだろうか。それともプロに任せるべきだろうか。

次章ではこの問題を考えていこう。

第8章　どうしてお金が増えないのか？

一番難しいのは行動すると決めること。あとは粘り強くやるだけだ。
——大西洋を横断した女性初の飛行士アメリア・イアハート

あなたがエキゾチックな南の島に遊びに行ったとしよう。陽気な地元の人々とバーを何軒もハシゴする。気づくとみな家に帰ってしまい、あなた一人が薄暗い田舎道で途方に暮れている。雨まで降り出し、なぜか片方の靴がなくなっている。ときおり人が通りかかるが、言葉が通じず、奇異な目で見られるだけだ。

すると突然、目の前にタクシーが停まった。運転手にホテルの名を告げると、相手はうなずいてこう言った。

「これから先の25年間、あんたの給料の50%を差し出すならホテルに連れてってやる」

「なんだって？　とんでもない話じゃないか」。バカにされたと思ってあなたは言い返す。

「あんた次第だよ」と運転手。「でも他の運転手だって——ここを通りかかればの話だけれど、同じ条件を出すだろう。ホテルまでのルートは複雑だし、この島は危険がいっぱいだ。オレの経験からいうと、あんたが自力で帰ろうとしても、きっとたどり着けない。だから給料の50％というのは悪くない話なんだ」

これが実話なら、旅行客相手の詐欺として最悪の部類に入るだろう。

しかしプロに投資を任せようとすると、だいたいこんな条件を出される。もちろん表現は違うだろうし、客の弱みに付け込むようなタクシードライバーと比べられたらあなたの相談に乗ったアドバイザーは憤慨するだろう。

だが、これが現実だ。おしゃれなオフィスで最高のエスプレッソとともに提示される契約書にサインしたら、運用益の50％、ときにはそれをはるかに上回る割合を差し出すことになる。

それも当然だ。金融機関や投資会社は、自分たちは投資家の利益を最優先する、投資家のパートナーであり友人である、自分たちを使って投資するのが得策だ、と投資家を説得するために毎年テレビやラジオ、インターネット広告に何億ドルもの費用を投じているのだから。

どのような形であっても貯蓄や投資をするほうがしないよりはましだ。とはいえ私たちの資産ポートフォリオをとりまとめる金融プロフェッショナルのなかには、中立的立場にはない者もいるという事実を忘れるべきではない。彼らが提示する金融商品は、私たちの運用資産から一定の資金が安定的に彼らの懐に流れ込み、彼らが所属する金融機関の四半期業績を押し上げるように設計されている。

プロに任せた方がいい?

数年前、作家で投資家のアンドリュー・ハラムはある実験をした。ハラムは5人の知り合いに、5つの金融機関でアポを取ってもらった。そして面談の席では、指数連動型ETFを使ったシンプルなポートフォリオの作成を依頼するよう伝えた。

100%のケースで、つまり5件中5件で、知人たちは面談に応じた投資マネージャーからそんな投資はやめて、よりコストの高い投資信託を買うよう勧められた。顧客を欺くための壮大な陰謀などではないだろう、とハラムは分析している。どうやら金融機関の従業員たちは、指数連動型ETFの仕組みを理解していないようだった。しかも彼らには（明確なものか否かはわからないが）達成すべき売上目標があり、自社の金融商品を勧めるしかなかったのだ。

こうした問題点を指摘すると、投資のプロたちは決まってこう答える。私たちを使わなければリターンはもっと悪くなりますよ、と。

「投資は家のリフォームと似ています。自分でやってお金を節約できる人もいますが、たいていの人はプロに任せたほうがいい」

主張の裏づけとして彼らが好んで示すのは、アメリカの金融サービス会社ダルバーがとりまとめた、自力で運用する投資家のリターンはプロが運用するファンドのそれを下回ることを示す分析レポートだ。理由は簡単で、個人投資家は投機に走り、誤ったタイミングで売買するからだ。

だが彼らが決して口にしないのは、『ウォールストリート・ジャーナル』紙や複数のエコノミストがダルバーの分析手法について、個人投資家のパフォーマンスの低さを誇張していると批判していることだ。[87]

そして、たとえ金融のプロは顧客の愚かな失敗を防ぎ、節税などの面で賢明なアドバイスをできるとしても（そう考えるのはやぶさかではない）、彼らが顧客の運用資産から徴収する報酬は理不尽といって差し支えないほど高い。

再びエキゾチックな南の島のタクシードライバーの例に戻ろう。たとえタクシーを利用したほうが安全だという彼の主張が正しくても、この先25年間の給料の50％という対価は正当なものだろうか。

たとえばあなたが10万ドルの元手でバランス型のポートフォリオをつくり、その後も毎年1万ドルずつ追加投資していくとしよう。そして契約した投資アドバイザーが毎年2％の手数料を徴収するとする。この2％という水準は標準的なものだ。『ファイナンシャル・アナリスト・ジャーナル』誌は２０１４年、投資にかかる費用の全体像を明らかにしようとする珍しい試みをした。その結果、アクティブ運用の投資信託は平均して投資家から年率2・27％の手数料を徴収していることがわかった。ここには信託報酬、監査報酬、そしてファンドが保有する有価証券を売買する手数料が含まれている。[88]

運用資産が年率6％で成長すると想定すると、10年後には毎年2％の費用を支払ったことによる資産の目減り額は4万５０００ドルに達する。ここには運用会社などに支払った各種報酬に加えて、その金額を運用にまわしていたら稼げたはずの運用益も含まれる。一方、あなたの手元に残る運用益は６万５０００ドルだ。

25年にわたって貯蓄と投資を続けた場合、各種報酬による運用資産の目減り分は31万ドルに達し、それに対して手元に残る運用益は32万ドルになる。

要するにあなたは投資リターン、つまり投資家にとっての〝給料〟の半分を金融のプロに渡すことになるのだ。

年率２％の費用を運用会社に支払いつづけると、35年後には目減り分は78万５０００ドル、手元に残る運用益は65万ドルになる。要は手数料が投資家の手元に残るリターンを上回るのだ。

この数字を見て、あなたは何とも思わないだろうか？

別の言い方をすれば、投資家はお金を出し、リスクをすべて引き受ける。お金を預かったプロのほうは一銭も出さず、リスクも一切負わない。たいてい投資家と顔を合わせるのは長い投資期間を通じて２~３回だが、それでもプロはこの取引から数十万ドルを受け取る可能性がある。

あなたはこれをフェアだと思うだろうか？

投資にかかわる金融プロフェッショナルで、自分は報酬に見合う仕事をしていると心から信じている人（そしてこの本をまだゴミ箱に放り込んでいない人）に提案がある。自らの報酬を多くの顧客が気づかないうちに運用資産から天引きするのではなく、弁護士や歯医者、公証人などと同じように請求書を送って振り込んでもらうといい。

たとえばあなたに150万ドルの運用資産を預けている老夫婦に、毎年12月に3万ドル（運用資産の2％）の請求書を送るのだ。

なるほど名案だ！　と思っただろうか。そうではないのなら、一つ結論が出るのではないか。現行のモデルは誰かの役には立っているが、その〝誰か〟とは顧客ではない。

金融機関のロジック

ポートフォリオ・マネージャーのマーク＝アンドレ・タルコットはこのからくりをよくわかっている。長年それで禄《ろく》を食《は》んでいたからだ。

タルコットは電力会社の架線作業員の息子で、中産階級の出身だ。実家でお金の話をすることはほとんどなかった。タルコットが株式市場や金融に関する本を読みはじめたのは大学に入ってからで、以来その習慣は続いている。

「まさに一目ぼれだったね」とその出会いを振り返る。

大学でファイナンスを学んだタルコットは大手金融機関に採用された。そしてファイナンシャル・プランナーになった。

「銀行の14もの支店を担当することになった。売り上げがすべての世界だった」

基本給は4万5000ドルで、金融商品を売ると歩合給が入る。出張旅費は自己負担だった。

「他の金融機関に預けた20万ドルをうちの銀行に移すよう顧客を説得するのが私の仕事だった」とタルコットは振り返る。「重要なのは新規に獲得する資金だった。既存顧客のために何かするインセンティブはゼロ。既存顧客のケアをしたいと思っても時間がなかった。顧客が300世帯もあると、それぞれときちんと向き合うのは不可能だ。だから緊急時だけ対応することになる」

銀行は指数連動型ETFの販売を認めていなかった。タルコットの顧客のポートフォリオは手数料の高い投資信託ばかりでできていた。「それは私が顧客に提供したいサービスではなかったが、どうすることもできなかった」

顧客は何も言わなかった。なぜなら自分たちが粗悪商品を売りつけられていることに気づいていなかったからだ。

資産運用だけで食べていくには

25年以上前、カリフォルニア州のファイナンシャル・アドバイザー、ビル・ベンゲンが、仕事をせずに資産運用だけで生活していくなら、毎年資産からいくら引き出すことができるか確かめてみようと考えた。結論は毎年運用資産の４%を引き出しても（金額はインフレ率に合わせて増やすことが可能）、少なくとも30年は資産が枯渇する恐れがないというものだった。たとえば100万ドルのポートフォリオを運用している人なら、１年目は４万ドル、２年目は４万800ドル（インフレ率を２%と想定）、３年目は４万1616ドル引き出すことができる、といった具合だ。ベンゲンのシナリオは株式60%、米国債40%のバランス型ポートフォリオで、1920年代以降のリターンに基づいている。

最近ベンゲンが再計算したところ、毎年運用資産の4.5%を引き出しても資金が枯渇する恐れはないという結果になった。ベンゲンはこの計算は「保守的」だとしている。つまり株式市場の歴史上最悪の時期であっても、このルールにのっとって引き出せば資金が尽きることはないというのだ。さらにこの計算では、市場が暴落した時期には支出を切り詰め、引き出し額を減らすといった私たちの調整能力を考慮していない。そうすれば市場が危機モードではない年は毎年4.5%以上を引き出せることになる。ただし「これは自然法則ではない。入手可能なデータに基づく経験的な数字だ。万人にうまく当てはまるとはいえない」とベンゲンは注釈をつけている。[89]

４%ルールの熱心な提唱者の一人がピーター・アデニー、通称「ミスター・マネー・ムスターシュ」だ。アデニーによると、資産運用だけで食べていけるか判断する簡単な方法は、ポートフォリオが年間支出の25倍ある↖

↘か確認することだという。「支出が少ないほど早く仕事を辞められる。収入の50%を貯蓄できる労働者は17年後には引退できる。収入の75%を貯蓄できるなら７年で引退できる」とアデニーは説明する。

「手数料の額を目にすることがなかったから、興味がなかった。それに手数料が記載されていても全額ではなくごく一部だった。重要な情報はわかりにくい明細のなかに埋もれていた」

こうした状況は顧客の家計や人生に深刻な悪影響を及ぼす、とタルコットは話す。

「金融機関が注力するのは資産が１００万ドル以上の顧客だけだ。でもふつうの顧客はそんな説明を受けないので、何も知らない。意地の悪いことは言いたくないが、一般的に顧客に助言をする人々は専門知識が乏しく、視野も狭い。最悪のコンビネーションだ。退職までに１００万ドル貯めるのは容易なはずなのに、多くの人がその数分の一しか蓄えられないのはきちんとしたアドバイスを受けていないからだ」

とりわけ嘆かわしいのは、すべての金融機関には倫理規定があり、従業員は毎年署名させられるという事実だとタルコットは言う。「倫理規定には顧客のために働き、顧客の立場を代弁せよと書かれている。だが毎週聞かれるのは『今週はいくら売ったか』『目標は達成したか』だ。

それで従業員が何か不始末をすると、金融機関は『私たちは関係ない、ちゃんと倫理規定に署名させた』と主張する。それがこの業界の歪んだ側面だ」

タルコットは状況を変えようと、手厚いコンサルティングや商品の説明などフルサービスを提供する証券部門に移り、富裕層の資産運用の責任者になった。

だがここでも間接的にではあるが、一段と手数料の高い金融商品を販売するようプレッシャーがかかった。「私たちの給料は顧客が支払う手数料の40％と決められていた。つまり顧客からたっぷり手数料を稼ぐほど、自分の報酬が増える仕組みになっていた」

こうした方針に納得できず、タルコットはより独立した立場で活動するために会社を辞めた。

そして独立系の大手資産運用会社レイモンド・ジェームズの傘下で、デモス・ファミリーウェルス・マネジメントを立ち上げた。現在はおよそ40世帯から預かった総額2億ドルを運用している。顧客の保有資産の中央値は100万ドルだ。

顧客のポートフォリオを組むのに投資信託は一切使わない。タルコットが選んだ個別企業の株を長期保有する。売買はほとんど行わず、顧客のために手数料を低く抑えている。「私たちのポートフォリオにはおよそ30銘柄の株式と債券が含まれている。それだけだ」

金融業界の〝恐ろしい裏話〟

マーク＝アンドレ・タルコットの経験は、およそ珍しいものではない。独立系ポートフォリオ・マネージャーなら誰でも〝恐ろしい裏話〟をいくつも持っている。

この世界で30年以上にわたって活動するポートフォリオ・マネージャーのリチャード・モリンは、金融機関がどのように隠れた手数料や割高な金融商品を顧客に押しつけるかを目の当たりにしてきた。

金融機関は隠し事の天才だ、とモリンは言う。「数々の隠れた手数料があり、明細書では明確に開示されない手数料が幾重にも重なり合っている。顧客は毎年支払う手数料は1％くらいだろうと思っているが、実際には2％近く支払っている。20年、25年経つとその違いは途方もない額になる」

モリンは数年前に自分を訪ねてきた夫婦をよく覚えている。すでに仕事を引退していた2人の資産内容を確認したところ、すぐに奇妙な点に気づいた。

「金融機関のアドバイスに従って、2人はローンの残高を15万ドル残しつつ、100万

証券取引委員会（SEC）とは

証券取引委員会（SEC）はアメリカの金融業界の規制・監督機関だ。1934年にフランクリン・D・ルーズベルト大統領のニューディール政策の一環として設立された。目的のひとつは大恐慌の再発を防ぐことだ。SECには3つのミッションがある。①投資家保護、②市場の公平性、秩序、効率性の維持、③資本形成の促進だ。直近の年次報告書を見ると、SECには問題行為あるいは違法行為に関する苦情や報告が毎年3万1000件以上寄せられている。苦情の上位3項目は暗号通貨、株価操作、そして前金詐欺〔物品やサービスを提供するとして客に金を前払いさせる詐欺〕だ。

SECのウェブサイトには登録した金融事業者のリストが掲載されており、投資家は取引しようとしている金融機関や個人事業者に、特定の金融商品にかかわる助言や販売活動をする資格があるか確認できるようになっている。SECには教育・啓蒙の役割もあり、ウェブサイトには運用資産への手数料の影響を示すグラフや複利効果の計算機能など、さまざまな支援ツールがある。

ドルの資産を運用していた。金融機関はローンからは利子を、100万ドルの運用資産からは手数料を、それぞれ稼いでいた。夫婦がローンを返済するために運用資産を売却したら、金融機関は両面で損をする」

単に顧客の無知につけこんでいるというだけではない。長年市場を上回るリターンをあげていると主張する資産運用会社のなかには、そのリターンの算出・表記方法に〝ひと工夫〟しているところが散見されるとモリンは言う。

「たとえば自社の平均的な顧客ではなく、一部の顧客のリターンだけを公表する会社もある。あるいはバックテストと呼ばれる理論モデルで計算されたリターンを公表したり、運用マネージャーが入社前にあげた運用実績を公表している会社もある」

投資信託業界にはもう一つ、ちょっとした秘密がある。パフォーマンスの悪いファンドをクローズし、保有していた資産は他のファンドに統合してしまうということをよくするのだ。こうしてお粗末な実績は消去される。こうした大掃除をこまめにすることで、投資信託の運営会社はリターンを実態よりもよく見せることができる、とモリンは指摘する。

ではあなたはどのように投資を行うべきだろうか。ポートフォリオという機械のスイッチを入れたら、あとはメンテナンスに年1時間かそれ以下しか時間をかけず、それでも長期的に資産を増やしていくにはどうすればいいのか。

次章ではその方法を見ていこう。

第9章　けっきょく資産を増やすには？

投資を始めるにあたって選択肢は3つあると僕は考える。違いは投資家としての自律性の度合いだ。

1. 最も自律性が高い＝低コストの証券会社を使う。運用は投資家自身が行う。
2. 多少の自律性がある＝自動運用プラットフォーム（ロボ・アドバイザー）を使う。運用の大部分はプラットフォームに委ねる。
3. 最も自律性が低い＝プロのサービスを利用する。運用は他者に委ねる。

それぞれを詳しく見ていこう。

1．低コストの証券会社を使う

まず手数料の点で一番コストの低い選択肢を見ていこう。低コストの証券会社に口座を開き、インターネット上で自ら運用する方法だ。

低コストの証券会社はインデックスファンド、ETF、株、債券などの金融商品を売買するためのプラットフォームだ。簡単にいえば、プロに頼らず投資を行う個人投資家のスタート地点である。

アメリカでは実質的にすべての銀行や信用組合が低コスト証券サービスを提供しているし、低コスト証券に特化した事業者も多い。有名どころを挙げるとフィデリティ、チャールズ・シュワブ、TDアメリトレード、バンガード、Eトレード、ロビンフッドなどだ。口座開設手続きは通常簡易で、オンラインで完結する。

複数の口座を同時に開設することも可能だ。通常の証券投資口座に加えて、IRAやロスIRAも開設できる。それぞれの口座は自分が選んだ金融商品を入れておく〝箱〟のようなものと考えるといいだろう。

口座を開設したら、預金口座から投資資金を入金する。

別の金融機関で保有している投資商品を移すことも可能だ。そのためにこれまで取引してきたポートフォリオ・マネージャーやアドバイザーと気まずい会話をする必要もない。たいていは低コスト証券会社が提供する書類に必要事項を記入するだけで済む。僕自身、過去にこうしたかたちで何度も資金を移動させてきた。誰とも交渉することなく、毎回スムーズに手続きが済んだ。

預金口座からの自動入金を設定することもできる。たとえば給料日のたびに一定の金額を入金するよう設定すれば、知らぬ間に投資が進んでいく。投資を楽にする手段として、自動入金は圧倒的に優れている。1年を通じて何度も意思決定を繰り返すより、一度決断してしまえば終わり、というほうがずっと簡単だ。

かつては顧客がETFを売買するたびに、証券会社が取引金額に関係なく一律20ドルの手数料を徴収していた時代もあった。だがここ数年は取引手数料の値下げ競争が進み、手数料は低下傾向にある。手数料をゼロにした会社もあるほどだ。

低コスト証券会社では株と債券の適正な配分について専門家のアドバイスを受けたり、あるいは市場が変動したときに投資家が慌てて最悪のタイミングで資産を売却してしまわないようにアドバイザーの助言を受けたりといったことができない。こうしたサービスを必要とする人には、低コスト証券会社を使って自力で投資をするのは必ずしも一番安上がりな選択肢ではない。なにより高くつくのは投資家の誤った行動だからだ。

低コスト証券会社を使って投資するメリットの一つは、運用リターンのうち投資家の手元に残る部分が増えることだ。自力で投資を管理するのに向いているのは、相場の下落に興味がなく、ほとんど売買をしない人だ。ひとたび運用を開始すれば何も気にする必要はない。

この低コスト証券会社を使うというのは僕自身が選んだ方法でもある。性格に合っているし、運用資産は数十年にわたって複利効果を享受しながら着実に成長していくだろう。

ではどのファンドに投資すればいいのか。これは数百万ドルの違いを生む問題だ。

選択肢は2つある。2～3本のETFを買うか、あるいは複数の資産クラスに投資するオールインワンタイプのETFを1本買うかだ。ここまで読んできた読者は、僕がインデックスファンドよりETF推しであることに気づいただろう。この点についてはさまざまな意見があるが、僕自身はETFのほうがほとんどの投資家にとって優れた選択肢だと考える。なぜならETFのほうがたいてい経費率が低く、節税効果が高く、買付の最低金額が低いからだ。

ETF

ETFを買うのは、株や債券のファンドを組み合わせた分散型ポートフォリオを自力で組むことに等しい。

僕がおススメするポートフォリオは、2本のETFのみで構成される。

1. 株式部分　バンガード・トータル・ワールド・ストックETF（VT）。9000以上のアメリカ企業や国際企業の株式を含む。

2. 債券部分　バンガード短期債ETF（BSV）。アメリカの政府債と高格付け債、投資適格な海外企業のドル建て債を含む。

自分のポートフォリオに占める株式と債券の割合を決めたら（第4章を参照）、それに合わせてここに挙げた2本のファンド（VTとBSV）を買い、あとは昼寝をするなりネットフリックスを観るなり、ベーグルを焼くなり好きにすればいい。要はこれでやるべきことは終わりだ。

２０１３年から２０２３年にかけて、この分散型ポートフォリオの年率リターンは５％（株式60％、債券40％）から６・３％（より積極的な株式80％、債券20％の場合）といった水準だ。これは10年前に１万ドルを投資した場合、理論上は１万６３００ドルから１万８４００ドルになっていることを意味する。しかもこの２本のファンドの経費率は驚くほど低い。ＶＴの経費率は運用資産の０・07％、ＢＳＶは０・04％だ。

僕がおススメした株式ＥＴＦには米国企業だけでなく海外企業の株も含まれていることにお気づきだろうか。米国株だけに投資するＥＴＦではダメか、と投資家からよく質問を受ける。アメリカの市場がすでに国際化していることを考えれば、まったく見当違いの考えとも言えない。Ｓ＆Ｐ５００企業は平均すると売上高の約30％を海外から得ている。[90] 僕自身は海外株を含めることによる分散効果を好ましいと考えている。またここ15年ほどは米国株のパフォーマンスが海外株のそれを上回ってきたが、そうした傾向が将来にわたって続く保証はないし、場合によっては逆転する可能性もある。

いずれにせよ米国株のみに投資したい人に最適なのは、ＶＴの代わりにバンガードＳ＆Ｐ５００ＥＴＦ（ＶＯＯ）を購入することだ。経費率は年０・03％である。

またここに挙げたＥＴＦはいずれも株主に配当金を支払う。通常は年４回現金が支払われるが、ほとんどの証券会社では自動的に（手数料なしで）再投資、すなわちETFの買い増しに充当できる。口座を開設するときに配当を自動的に再投資するか否かを選択するよう求められるが、後から証券会社に連絡して変更することも可能だ。

カナダの投資家なら、株式の部分はバンガード・オールエクイティETFポートフォリオ（VEQT）を、債券の部分はCI1－5年短期国債指数ETF（BXF）を購入してもいい。イギリスの投資家なら、株式部分はバンガードS&P500ETF（VUSA）で米国株、iシェアーズ・コアFTSE100（ISF）で英国株をそれぞれ買うといい。債券部分についてはiシェアーズ世界政府債UCITS ETF（IGLH）がいいだろう。分散投資が可能で、ロンドン証券取引所で簡単に売買できる。

マルチアセットETF

前項で推奨したポートフォリオには2本のファンドが含まれている。多くはないが、それでも複数だ。

ポートフォリオをもっとシンプルにしたければ、マルチアセットETFを1本だけ買うという選択肢もある。マルチアセットETFは米国株、外国株、債券を含んでおり、バランスと分散という特性をすでに持ち合わせている。

つまり投資家はたった1本のファンドを購入するだけで、世界の何千という企業の株式と、西側諸国が発行する数千種類の政府債に投資できるのだ。

僕はロスＩＲＡなど、運用額の比較的少ない口座ではこの方法を選択している。こうした口座については一切手間や余計な労力をかけたくないので、単一のＥＴＦに毎年一定額を投資する方法が合っているのだ。マルチアセットＥＴＦの醸し出すミニマリスト的な雰囲気が僕は好きだ。口座をクリックすると保有商品として表示される文字や数字は1行だけだ。それを見ると、やるべきことをきちんとやっている感、あるいはキッチンを整理整頓したような気持ち良さを味わえる。

このカテゴリーに入るＥＴＦを見ると、ｉシェアーズ・コア・グロース・アロケーションＥＴＦ（ＡＯＲ）は資産の80％を米国をはじめとする複数の国々の株式で、残る20％を米国政府をはじめ先進諸国の発行する政府債で運用している。ｉシェアーズ・コア・モデレート・アロケーションＥＴＦ（ＡＯＭ）はそれをさらに保守的にした商品だ。内訳は50％が米国などの株式、50％が米国の政府債だ。いずれも経費率は０・15％だ。

カナダの投資家の場合、それと同等の商品といえるのがバンガードのグロースＥＴＦ

ポートフォリオ（VGRO）で、経費率は0・24％だ。

老後資金を蓄えたい投資家にとってもう一つ選択肢となるのが、「ターゲットデート・ファンド」だ。購入者が2040年、あるいは2050年といった特定の年に退職することを前提に、退職日が近づくにつれて資産の安定性を高めるなど、ニーズに合わせて資産配分を変化させていくファンドだ。たとえば2045年に退職しようと計画しているアメリカ人なら、バンガードUSAから「VTIVXバンガード・ターゲット・リタイアメント2045インデックスファンド」を直接購入することができる。このファンドの場合、最低投資金額は1000ドル、経費率は0・08％だ。

イギリスの投資家なら、インデックスファンドの「バンガード・ライフストラテジー」シリーズのいずれかを検討してみるといい。株式の割合が20％のものから100％のものまでさまざまなバージョンがあり、経費率は0・27％だ。

複数の研究では、こうしたオールインワンファンドを購入する投資家は複数のファンドを購入する投資家よりも賢明に行動し、最終的により多くの資産を蓄えられる傾向があることがわかっている。理由はオールインワンファンドの場合、投機や売買のタイミングをはかるのがより難しいため、ほったらかしにされることが多いからだ。

サポートは？

証券口座でETFを買い付けるのは簡単だが、知っておくべき点はいくつかある。たとえば買付のタイミングで、投資しようと思っている金額でファンドを何口買えるか計算しなければならない。また証券会社のインターフェースには1つのファンドにつき2つの価格が表示される。「買付価格」と「売却価格」で、両者のあいだにはわずかだが差がある。原則的には国際空港の両替カウンターで通貨を売買するのと同じだ。買うときには高いほう（買付価格）、売るときにはわずかに低いほう（売却価格）を見なければいけない。このわずかな差分が取引を処理する会社の利益となる。

これから投資を始めたいが、証券口座を開いたりETFを買ったりするのには不安があるという人は、あまりハイテクではないが有効な手がある。口座を開きたい金融機関のカスタマーサービス窓口に電話するのだ。担当者はさまざまな質問に答え、あなたが投資家としての第一歩を踏み出すのに手を貸してくれるだろう。

ESG 投資という選択

ETF を購入すると、何千という会社の共同所有者になる。なかには賛同できない行動をする会社もあるだろう。たとえば化石燃料、武器、タバコを製造する会社だ。このように「市場を丸ごと」買うと、自分の価値観と矛盾することもあるかもしれない。

こうした問題への対応策として、環境(Environment)、社会(Social)、ガバナンス(Governance)を基準に、一部の企業を除外するＥＴＦもある。ESG と呼ばれる投資手法だ。

酒類、一般市民向け銃器、民間刑務所、ギャンブルなど、ESG ファンドによって除外する産業は異なるだろう。ただ、特定の産業のなかで“比較的まし”な企業群を残すファンドもあるので、興味があるファンドの詳細な説明を読むことをおススメする。

ESG 基準を満たす ETF の需要は高まっており、今後数年は新規投資の大部分を占めることになるという予測もある。こうした傾向を受けて、企業のあいだに新たな金融商品から除外されるのを防ごうと環境面での行動を改善する動きが出始めている。

一例を挙げると、ブラックロックの「ｉシェアーズ MSCI USA ESG エンハンスト UCITS ETF(EDMU)」は、EU の気候移行ベンチマークを上回る脱炭素化を宣言したアメリカ企業株のみに投資先を絞る。このファンドの経費率は0.07%というきわめて手ごろな水準だ。

カナダでそれと同等の ETF といえば、ｉシェアーズ ESG アウェア MSCI カナダ・インデックス ETF (XESG) で、こちらの経費率は0.16%だ。

イギリスの投資家ならｉシェアーズ MSCI UK IMI ESG リーダーズ UCITS ETF(UKEL)に投資できる。↖

↘「環境、社会、ガバナンスにおけるパフォーマンスが同業他社よりも高い」イギリス企業を広範にカバーするファンドで、経費率は0.15％だ。

あなたが保有するETFがESGをうたっていないからといって、まったくダメというわけではない。というのも誤解も多いが、新規株式公開（IPO）を除けば、投資家が株を買ってもその会社に直接出資することにはならないからだ。たとえばあなたがアップル株に1000ドル払ったからといって、それはアップルの懐に入るわけではない。その株をこちらに売るまで持っていた個人か機関投資家の懐に入るのだ。賛同できない会社の一部を保有することの倫理的是非を議論することはできる。しかし私たちのお金が会社の運営資金になるわけではない。市場がその会社に価値を見いださなくなれば（コダックや小売業のシアーズの身に起きたことだ）、会社の時価総額はみるみる減少し、最終的に上場廃止あるいは破産に追い込まれるだろう。

リバランスは必要か

複数の指数連動型ＥＴＦでつくったポートフォリオのリバランスとは、株式と債券の配分を当初決めた割合に戻すため、年１回ほど資産のごく一部を売買することだ。たとえば株式60％、債券40％でつくったポートフォリオも、１年後に株価が大きく上昇すればバランスが崩れているはずだ。その結果、株式66％、債券34％になっているかもしれない。その場合は60対40というあるべき姿に戻すために株式ＥＴＦを少し売り、債券ＥＴＦを買い増す。

この方法のメリットは、株式が上昇したときに売却し、下がったときに買い戻すのを自然に促してくれることだ。投資家にとって心理的に実行するのが難しい作業だが、リバランスはこれを確実に遂行するのに役立つ。ただリバランスの主な目的はリターンの最大化ではなく、リスクの最小化だ。リバランスを怠ると遅かれ早かれポートフォリオに占める株式の割合が債券を大幅に上回るようになり、突然株式市場が下落した時の影響が大きくなる懸念がある。リバランスのもう一つの方法が、ポートフォリオに新たに資金を追加する際に、成長に遅れをとっているファンドへの配分を多くすることだ。

バンガード創業者のジョン・ボーグルは、ポートフォリオのリバランスをあまり推奨しておらず、自分の運用資産についてはリバランスをしないと決めていた。ボーグルは米国の株式50％、債券50％のポートフォリオを25年間運用すると想定し、１８２６年以降のすべての25年間についてリターンを計算してみた。その結果、52％のケースで毎年リバランスを実施した場合のほうが残高は多かった。「私に言わせれば、この程度の差異は統計的に有意ではない」と書いている。

「ポートフォリオをリバランスするか否かは、それぞれの投資家が自由に決めることだ」とボーグルは結論づけている。「リバランスは統計的に有効性が示された選択ではなく、個人の選択だ。リバランスをすることに何の問題もないが（私自身はやらないが）、株式の割合の些細な変化にいちいち目くじらを立てる必要もない。50％と決めたはずの株式の割合が55％、60％となったら、必要性を判断すればいい[91]」

低コストの証券会社を使うメリットとデメリット

メリット
・経費率を一番低く抑えられる。
・株式や債券のＥＴＦやインデックスファンドを自由に売買できる。
・長期投資にぴったりである。

デメリット
・誤った投資家行動（市場の調整時に拙速に売却する、老後を考えると投資が不十分など）を抑止する機能がない。
・取引するために多少の事前学習が必要。

・プロのアドバイスを受けられない。
・市場が開いている時間帯（月曜から金曜までの午前9時30分から午後4時、祝日は除く）に取引しなければならない。

2．ロボ・アドバイザー

低コストの証券会社を使って自ら投資するのが不安という投資家には、ロボ・アドバイザーを使うという選択肢もある。

自動化されたデジタル・プラットフォームのことで、スマートフォンさえあれば誰でもＥＴＦを売買できる。

大手プラットフォームには、バンガード・パーソナル・アンド・デジタル・アドバイザー・サービス、シュワブ・インテリジェント・ポートフォリオ、ベターメント、ウェルスフロントなどがある。

こうした事業者の主なターゲットは比較的若い投資家だが、あらゆる年齢層の投資家が利用する価値がある。設定さえ済ませれば、運用は自動運転モードで行われ、あとは放っておけばいい。

ロボ・アドバイザーの大きなメリットは、そのシンプルさだ。怖気づくほど大変な課題（投資）を、なじみのある簡単な作業（資金を1つの口座から別の口座に移すくらいの難易度）に変えてくれる。

コンピュータかスマホを使って口座を開設する際には、投資の目標、運用資産の価値下落のリスクにどれくらい許容度があるかなど、いくつか質問をされる。質問への回答に応じて、プラットフォームが米国株、海外株、新興国株、債券を含む複数のETFから成る分散型ポートフォリオを作成する。

それを受けて運用口座に資金を振り込めば、こちらの作業は完了だ。自らファンドを売買する必要もなければ、株式や債券のETFのリバランスをする必要もない。すべてプラットフォームがやってくれる。資金はいつでも引き出すことができる。

しかもわかりやすいグラフィカル・インターフェースで、運用資産が10年、20年、30年後にどうなるか見通しを示してくれる。この見通しは市場が荒れたとき、投資家を落ち着かせてくれるかもしれない。3万5000ドルの運用資産を保有する人は、本当に今すぐ全額売却して、10年後に7万ドル、20年後に14万ドル、30年後に28万ドルになる可能性をフイにしたいと思うだろうか。サービスを提供しているプラットフォームは投資家が市場暴落の最中に資金を引き上げるのをわざわざ止めはしないが、わかりやすいグラフィックには少なくとも売却前にもう一度慎重に考えるよう促す効果はあるだろう。ロボ・アドバイザーの多くは、運用資産のごく一部（たいてい1%未満）を手数料として徴収する。一方シュワブ・インテリジェント・ポートフォリオのように、手数料は徴収しないが口座の最低預入額5000ドルといった条件を設けるところもある。

とはいえロボ・アドバイザーの強み（投資という活動に人間を介在させない）は弱みでもある。投資をするとき、誰かに相談したいという人は多い。プラットフォーム側もこれを理解しており、現在は電話、メール、あるいは予約制のビデオチャットで顧客が人間のアドバイザーにポートフォリオを最適化する手助けをしてもらえる機会を用意している。

さらにパーソナライズされた個人面談を希望する投資家は、お金を払って外部の独立系ファイナンシャル・プランナーと契約することによって、人生を通じた財政状況を分析し、詳細なレポートを書いてもらったり、税金や退職に関する具体的質問に答えてもらったりする体制をつくることもできる。

たとえばファイナンシャル・プランナーに頼めば、顧客の年齢、年収、将来のニーズに適した株式と債券への資産配分をアドバイスしてもらえる。それを受けて顧客自身がロボ・アドバイザーや低コスト証券会社の口座でアドバイスに沿った資産配分を設定すればいい。

独立系のファイナンシャル・プランナーに財政的な生涯設計をしてもらうと数千ドルかかることもある。不動産投資など複数の資産を含む場合は費用はさらに膨らむ。

ロボ・アドバイザーを使うメリットとデメリット

メリット

・経費率は平均より低くなる。
・ボタンをクリックするだけで分散型のＥＴＦポートフォリオが完成する。
・シンプルで直感的に操作できるインターフェース。
・プロからのアドバイスを受けられる。

デメリット

・誤った投資家行動（市場の調整時に拙速に売却するなど）の抑止は限定的。
・人間のアドバイザーに接触する機会は限られることも。

3．プロのサービスを利用する

プロのサービスを利用するという3つめの選択肢は、手数料の面では一番高くつくが、それ以外の面においては一番シンプルで安心感が高い。

率直に言って多額の資金を運用するのは誰にでもできることではないし、プロに資産運用を委ねるのは魅力的な選択肢になりうる。僕にもそれはよくわかるし、本書をここまで読んだうえでみなさんがプロのサービスを利用するのであれば、事実をしっかり理解したうえでそうしてほしい。

ここで強調しておきたいのは、プロのサービスを利用すると、毎年投資に割く時間は増えるということだ。自らの資産運用に関心を持つ、あるいは資産運用を任せたプロと面談するというかたちで。時間を投資するのは決してマイナス要素ではない。自分の資産がどうなっているのかは把握しておくべきだし、市場をよく理解している人に運用を任せていることがわかれば安心感を得られる。

資産運用を任せられるプロフェッショナルの一部を以下に挙げていく。

投資アドバイザー

投資アドバイザーとは、有償で顧客に投資の助言をしたり、顧客に代わって資産を運用する個人や企業だ。

米金融業規制機構（FINRA）によると、投資アドバイザーは「アセットマネージャー」「投資カウンセラー」「投資マネージャー」「ポートフォリオ・マネージャー」「ウェルスマネージャー（富裕層向け）」といった呼称を使うことが多い。登録投資顧問会社（RIA）で働く投資アドバイザーは、顧客への受託者義務を負う。自分たちの懐に入る手数料が一番高い金融商品ではなく、顧客のニーズに最適な商品を推奨しなければならないということだ。顧客からの預かり資産が1億1000万ドルを超える投資アドバイザーは、証券取引委員会（SEC）に登録しなければならない。

この分野において絶対的基準となるのが、公認証券アナリスト（CFA）資格だ。取得が難しく、保有者に顧客の投資資産を管理する能力と知識があることを保証する資格だ。

２０１９年、ＲＩＡで働く投資アドバイザーは、運用受託資産に対して平均年１・17％の顧問料を徴収していた。[92] 投資アドバイザーによっては運用計画を立てた際に数千ドルの相談料のみを受け取るケースもあり、そのほうが運用資産の残高に応じて毎年顧問料を支払うより安上がりかもしれない。相談料のみの投資アドバイザーを探すのであれば、まず個人金融資産運用アドバイザー協会（ＮＡＰＦＡ）のウェブサイトを見てみよう。

ファイナンシャル・プランナー

ファイナンシャル・プランナーは資金計画、税金、退職後の生活、相続、投資、保険などさまざまな分野に関して助言する。

顧客の抱えるニーズ、条件、目的に適した行動計画を作成してくれる。投資用商品、保険など金融商品の販売を手掛けることもある。

ファイナンシャル・プランナーのみを管轄する規制機関はない。プランナーのなかにはファイナンシャル・プランナー資格認定委員会が発行する公認ファイナンシャル・プランナー（ＣＦＰ）の資格を持つ者もいる。ＦＩＮＲＡによると「ＣＦＰ資格を取得するには最低3年の実務経験が必要で、資格の取得と維持にはかなり厳しい基準が課せられている。投資家はCFPを名乗る者が本当に資格を有しているか確認することができ、懲罰規定も存在する」[93]

ファイナンシャル・プランナーのなかには相談料のみを受け取り、推奨した金融商品が売れても販売手数料を受け取らない者もいる。

会計士

FINRAによると、会計士は「個人や企業に対し、税金と資金計画、税務申告、監査、経営コンサルティングなどの分野で専門性の高い支援を提供する」。会計士として仕事をするには、公認会計士（CPA）資格が必要だ。会計士が投資用商品を販売するケースもあるが、専門とするのはアメリカの税法である。

投資アドバイザー、ファイナンシャル・プランナーなどいずれを選択する場合でも、取引の開始あるいは継続を決める前に相手をテストすることをおススメする。

具体的には、自分は経費率がきわめて低い指数連動型ETFを使った分散型ポートフォリオを希望している、と相手に伝えるのだ。相手の回答が「それはいいね！」あるいは「すでにそういう計画を作成した」でなければ、別のプロを探したほうがいい。なかには投資信託の購入を勧めるプロもいるだろう。過去を振り返れば、それが彼らの主な収入源だったのだから。そういうときは相手に質問したり、本書で説明した内容について議論してみよう。彼らの主張が正しいことを裏づける資料を要求しよう。彼らの雇用主である金融機関が作成した販促用資料では裏付けにならない。

プロのサービスを利用するメリットとデメリット

メリット
・運用資産の管理を一人の人物に委ねられる。
・パーソナライズされたサービスを受けられる。
・節税対策ができる。
・誤った投資家行動（市場の調整時に売却するなど）への抑止力はきわめて高い。
・貯蓄と投資を増やすよう奨励される。

デメリット
・高い手数料を取られる可能性がある。
・限られた指数連動型ＥＴＦにしか投資できないリスクがある。
・金融機関と投資家の利益が矛盾することもある。

どの投資方法を選択するかにかかわらず、重要なのは第一歩を踏み出すこと、そして難しく考えないことだ。

アメリカのマラソンのチャンピオンでオリンピックでも金メダルを獲得したジョーン・ベノイトは、多くの大会で勝利を収めた。どのようなトレーニングをしたのかと問われたベノイトは、まず玄関を出て、道に出たら右か左に曲がるだけだと答えた。「走ることについての私の信条はこうだ。ぐずぐず考えず、とっととやる」。投資も同じだ。

おわりに――投資の正解とは

月に行くのはそれほど遠くない。一番長い旅路は自らの内面へ向かうものだ。

――作家アナイス・ニン

数年前、マサチューセッツ州のケープコッドに家族で旅行したとき、白いサメを見た。ライフガードは海水浴客をサメから守るための優れたシステムを整えていた。何キロも続くビーチには一定の間隔で監視台があり、ライフガードが双眼鏡で水平線に目を凝らしている。サメを見つけたら、無線で仲間に連絡する。海岸全域でホイッスルを鳴らし、ポールのてっぺんに遊泳禁止の旗を立て、数千人の海水浴客は1時間水から出なければならない。

こんな具合に遊泳禁止が発令されたが、観光客の一群が海辺に走っていくのが見えた。

好奇心に駆られて、僕らもそれに従った。水際から15メートルほど先の波間に灰色のヒレが見え、ビーチからは映画さながらの悲鳴が上がった。

確かにサメは大きく恐ろしいが、人間にとって最も危険な動物であるかというと、ランキングの順位はさほど高くない。

サメに殺される人間の数は、ウシに殺される数より少ないことをご存じだろうか。サメに殺される人の数は平均すると世界全体で年5人だ。一方、ウシに蹴られたり踏みつぶされたりして命を落とす人は平均すると年22人いる。

ウシが殺す人間の数はサメの4倍である。

サメは恐ろしいから、サメが人間を襲うたびに世界中でニュースになる。ウシはまったく恐ろしくない。このウシとサメのパラドクスこそ投資の世界そのものだ。

私たちは投資において恐れるべきものを恐れない。サメ（市場の暴落、機会を逃すこと、次の景気後退など）を恐れる一方、それよりはるかに大きなダメージを自分に与えかねない重大なリスク（必ず儲かると言われて株を買う、投資を始めるのを先送りする、株が暴落すると予想して売却する、高い経費率の商品を買うなど）には無頓着だ。

「サメ」タイプのリスクはとてもわかりやすい。直面すると、身体中の細胞が反応する。

「ウシ」タイプのリスクはわかりにくい。話題になることがめったにないし、立ち向かうのも困難な相手のはずなのに、ぱっとしない。だからあっさり無視してしまう。

僕がウシとサメのたとえを好んで使うもう一つの理由は、サメはよく金融界の人間のイメージとして使われるからだ。自分の利益のためなら実の母親にいかがわしい商品を売りつけることさえ厭わない貪欲なタイプだ。

一方、ウシは自分のバランス型ポートフォリオがどれだけ成長しているかなど気にもせずのんびり草をはみ、ぼんやり列車を見送っているタイプの投資家だ。だが本書で説明してきたように、大方のサメが手にする投資リターンは、ウシのリターンにかなわない。

ことリスクに関して、私たちはなかなか両者を見分けられない。一見恐ろしいものを必ずしも恐れる必要はない。一方、真の脅威はたいていそうとわからない。

たとえば株式市場の暴落といったドラマチックなシナリオは誰もが恐れる。だが別の、もっと退屈なシナリオのほうがはるかにダメージは大きい可能性がある。十分な投資を怠るというシナリオだ。3万ドルの運用資産の日々の値上がり・値下がりに一喜一憂している投資家は、6000ドルを追加投資すれば残高は直ちに20%増えることに気づいていないかもしれない。

投資を始めて最初の数年の最大の危険は、資産が値下がりすることではない。十分投資をしないことだ。市場が資産を増やしてくれるだろうと期待し、そうならなければパニックを起こす。

人間の脳は投資に向いていない。不確実性を避け、安全を求めるようにできている。運用資産の価値が上がれば、多幸感をもたらすホルモン、エンドルフィンが放出されて明るい未来を想像する。だがそれもつかの間、突然の下落が恐れと疑念という厄介な仲間を引き連れてやってくる。

誰もが間違いを犯す

僕はグーグル共同創業者のラリー・ペイジとサーゲイ・ブリンの、今や忘れられた過去のエピソードに惹かれる。まだグーグルに半ダースほどの従業員しかおらず、シリコンバレーのガレージでページュのコンピュータと向き合っていた１９９９年、２人は会社を売却しようとする。そこで仲介者を通じて、当時インターネット・ポータルサイトの雄であったエキサイトのトップに、１００万ドルでグーグルを売ってもいいという意向を伝えた。

2人の申し出は断られた。

そこで75万ドルでもいい、と申し入れた。

その申し出も断られた。

今日、ペイジとブリンの純資産は合計2000億ドルを超え、世界の大富豪トップ10に名を連ねる。

未来が見える水晶玉を持っている投資家はいない。あなたも、僕も。エキサイトのトップも。

グーグルの共同創業者たちですら、持っていなかった。

投資のプロの多くは顧客に、自分たちの力を借りずに投資するのはやめたほうがいい、とアドバイスすると本書に書いた。僕も同意見だが、理由は違う。

僕がほとんどの人は自力で投資しないほうがいいと思うのは、投資そのものには興味がない人が多いからだ。彼らは多額の資産を管理するのに不安があり、能力に自信がないから失敗するのではないか、おかしなファンドに投資してしまうのではないかとびくびくしている。

そういう人を責めるつもりはない。とてもふつうのことだと思う。ただそれでも自分で投資を管理できる人は多いだろうと僕は考えている。みなさんが本書をここまで読んだのなら、おめでとうと言いたい。みなさんも間違いなく自分で投資を管理できる人だ。

置かれた状況に合わせて行動を変える人間の能力は過小評価されがちだ。たとえば新型コロナウイルス危機のさなか、メディアは公衆衛生ガイドラインに反して仲間と集まり、マスクなしで大騒ぎをして、こうした〝自由〟を奪われることに抗う人々のエピソードを延々流し続けた。

だがメディアが報じなかったのは、ウイルスの拡散を遅らせようと先例のない速さとやり方で行動を変容させた世界中の数十億人の姿だ。従業員や顧客を守るため、一夜にしてリモート勤務を導入した何百という事業者や企業の努力だ。

公共の場でマスクを着けるというのはアジア以外ではほぼ見られなかった行為だが、シカゴやシドニーでも当たり前になった。

> 私が増やしたいのは資産であって、責任ではない。
>
> ——作家兼投資家ジェームズ・クリア

人間は学習する。適応する。それは人間が最も得意とすることでさえある。

市場は僕が何者かなんて気にも留めない

僕がなぜ投資の世界に興味を持つのか、説明するのはなかなか難しい。

大学でこの分野を学んだわけでもなければ、両親や親族が投資に興味を持っていたわけでもない。経済ニュースならずっと観ていられるとか、アメリカの政策金利が頭に入っているとかということもない。贅沢品や高級車、豪華なバカンスやおしゃれな服にも魅力を感じない。

ならばなぜお金や、お金を増やす方法に興味があるのか。

僕は両極端の要素のコンビネーション、つまり投資にはパッシブ（受動的）な側面とエクスポネンシャル（指数関数的）な側面が同居しているところに惹かれるのだ。

僕は勤労者として給料を稼いでいる。その給料を投資にまわせば、そちらでもお金を稼ぐことができる。15年あるいは20年も経てば、運用資金は毎年、僕が働いて稼ぐのと同程度のお金を生み出すようになる。

そう考えると、圧倒される。

また投資を上手に実践すると、ある種の落ち着きが生まれる。それも僕が投資を好きな理由の一つだ。ローマの哲学者セネカは約2000年前に、私たちはライオンの口に手を入れるライオン使い、あるいはトラにキスする番人のように、人生で直面する好ましからざる出来事への反応をコントロールできるようになるべきだ、と述べた。

「それと同じように、賢人とは不幸を手なずける術を心得た者だ。誰もが痛み、困窮、不名誉、収監、国外追放を恐れる。だが賢人はそれらに遭遇しても飼いならしてしまう」

この言葉は僕のオフィスの壁に貼ってあり、いくつもの株式市場の暴落のときに僕とともにあった。何年か前なら僕も暴落に震えあがったかもしれないが、最近はなんとも思わない。

目の前で大口を開けて吠えるトラのように、コンピュータ画面上で光る赤い警告サインはなんとかして投資家を怯えさせ、愚かな反応を煽ろうとしているようだ。それに対して「はいはい、でもその手には乗らないよ。頑張ったね、おつかれさん」と言うのが私たちのとるべき態度だ。

最後にもう一つ、株式市場は投資家それぞれがどんな人物なのかまるで頓着しない、という事実も僕は気に入っている。自己評価が高いのか低いのか、学位を持っているか、給料がいくらか、どこで生まれたのか、大きな家に住んでいるのか、どんな車に乗っているのか、市場は気にも留めない。

市場からすれば、そんなことはどうでもいい。投資の世界では高校をドロップアウトした者がビジネススクールを卒業した経営者より大きな成功をつかむことができる。そういうことが可能というだけでなく、日常茶飯事であるという事実に、僕はたまらない魅力を感じるのだ。

自己憐憫に陥らない

本書では大物投資家ウォーレン・バフェットの右腕であったチャーリー・マンガーについて何度か触れた。2023年に99歳で亡くなったチャーリーは、当代きっての投資家だった。彼のスピーチを読んだり聴いたりするのは、本当に楽しい。チャーリーはとにかく博識で、話す言葉はまさしく名言のオンパレードだ。だがその人生は困難に満ちていた。

1953年、弁護士として働いていた29歳のとき、チャーリーは最初の妻と離婚した。

夫婦には幼い子供が3人いた。離婚は悲惨としかいいようがなく、チャーリーは住む家を含めて財産のすべてを失った。大学の学生寮に引っ越し、車は子供からもオンボロだと言われるほどだった。

1年後、息子のテディが白血病と診断された。当時は不治の病だった。テディはカリフォルニア州パサデナ病院の小児科に入院することになったが、そこは「地球上でこれほど悲しい場所があろうかと思うほどだった」とチャーリーは述懐している。

チャーリーと元妻は病院で寝たきりになった息子を見舞ったが、テディは日に日に弱っていった。ある友人によると、チャーリーは病院に行って息子を抱き締めた後、泣きながらパサデナの街を歩いていたという。

テディ・マンガーは翌年、9歳で亡くなった。

31歳のチャーリーは、離婚し、息子を失い、病院から膨大な医療費を請求されていた。

作家のサファル・ニヴェシャクはチャーリーの人生を描いた魅力的なエッセイにこう書いている。「すべてを投げ出し、（酒やドラッグなどの）悪行に溺れたいという誘惑もあっただろう。事実、当時彼のまわりではそうした人が多かった。だがチャーリーはそういう人間ではなく、前に進み続けた[94]」

数年後の1959年、チャーリーはある夕食会でウォーレン・バフェットと出会った。自分たちはともに働く運命だと、2人は即座に悟ったという。

2人がつくり上げたコングロマリット、バークシャー・ハサウェイは今では世界最大規模の企業集団となり、35万人以上の従業員を抱え、年間売上高は2750億ドルを超える。チャーリーは再婚し、2人目の妻との間に4人の子供をもうけた。

チャーリーの身にはその後も不幸な出来事があった。白内障の手術がうまくいかず、50代で左目の視力を失った。これは読書をなによりの楽しみとする（学び、向上しつづけたいと思う者にとっては当然だ）彼にとっては受け入れがたいことだった。左目の痛みはあまりに強く、ガラス製の義眼に替えたほどだ。

チャーリー・マンガーは数年前に南カリフォルニア大学（USC）法学部の卒業式で行ったスピーチで、人生におけるさまざまな不幸から学んだ教訓の一つは「決して自己憐憫《れんびん》に陥らないことだ」と語った。

「一般的に嫉妬、恨み、復讐、自己憐憫は破滅的な思考だ。あなたがどんな理由で自己憐憫に駆られるかはわからない。子供が死にかけているのかもしれない。だが原因がなんであれ、自己憐憫によって状況が改善することはない。そんなふうにふるまうのはばかけている。人生ではとんでもない試練が起こる。恐ろしい試練なのか、理不尽な試練なのか、そんなことは関係ない。そこから立ち直る者もいれば、立ち直れない者もいる。（中略）人生で起こるすべての不幸は何かを学ぶ機会であり、そんなときは自己憐憫にひたるのではなく、その悲惨な試練を建設的なかたちで活用するのがあなたの務めだ」[95]

重要なのは常に立ち上がることだ、とチャーリーは語る。完璧な人生なんてないのだから。

この教訓は、私たちの人生のあらゆる側面に当てはまる。もちろん投資にも。投資をすれば失敗することもあるだろう。重要なのはそこから学び、顔をあげて前に進みつづけることだ。あるときチャーリーはこう言った。「被害者意識は持ちたくない。私は被害者じゃない、サバイバー、生き残った者だ」

投資における正解

本書の冒頭に『シャーロック・ホームズ』の一節を載せた。読者のみなさんに、この有名な探偵ならどうするか想像してみてほしいと思ったのだ。

ホームズなら投資の世界にどうアプローチするだろう？

すべての事実が出そろい、持ち前の遠回しな質問への答えが得られたら、ホームズは手数料の高い投資信託を売りつけようとするセールスマンの前を素通りし、指数連動型ETFのポートフォリオに投資するだろう。それからどちらのこともさっさと忘れて次の捜査に取りかかるはずだ。

本書を読みながら、こいつの考えは凝り固まっているな、他の有効な株式投資の方法を無視してETF投資に全振りしているな、と思われたかもしれない。そうした見方に対しては、僕は何らかの思想や投資方法に心酔し、指針としたことは一度もないとお答えしたい。僕の拠りどころは事実だ。「はじめに」に書いたとおり、僕のなかに初めから本書に書いたような答えがあったわけではない。ここに書いた情報や原則は何年もかけて、たいていは屈辱的な失敗と引き換えに蓄積してきたものだ。

本書の目的は、みなさんにどうすべきかを指南することではない。中立的立場から徹底的に調査・研究され、他のあらゆる投資アプローチよりもすばらしい、信頼性のある結果を残してきた投資方法を紹介することだ。人によっては「ETFを買い、あとは放っておけ」というアドバイスが正解ではないことはわかっている。この方法では充実感は得られないし、個人の人間性や人生で成し遂げたいことを反映する思想性もない。

あなたにとってそれが正解ではないのなら、アクティブ投資はすべきではないとか、銘柄の選別はやめるべきだなどと言うつもりはない。ただ株式指数をたとえ年1%や2%でもアウトパフォームする（投資リターンで上回ること）のは並外れた偉業であり、2～3年を超えて持続するのはたいてい不可能であること、そして株式投資のサクセスストーリーはレアな一方、運用がうまくいかない事例は山ほどあることを知っておいていただきたい。

世界から少し距離を置く

僕は子供のころから湖に行くと、息を止めて何秒潜っていられるか数えるのが好きだった。

心を落ち着かせて、すべてをコントロールする感覚を味わう。挑戦するたびに、自分が少しずつ上達するのがわかった。外界から閉ざされた水深1メートルほどの水中で、息を止めて2分が過ぎると、身体が僕を生かそうと懸命に動いているのがわかる。水の中の僕は世界と隔てられていると同時に世界の一部だった。

投資もそれに通じるところがある。あの手この手でこちらの心に揺さぶりをかけようとする環境のなかで、無駄な動きをしないように心を落ち着かせる術を身につけなければならない。感情に振り回されるのを何としても避けなければならない。世界と少し距離を置いたほうがすべてうまくいくことに気づく必要がある。

何より、初めて潜ったあの日のように、水面に戻るのをできるだけ先延ばしするプロセスを楽しもう。そしてゆっくりと落ち着いて浮上し、息を吸い込んだら、再び静けさのなかに潜っていくのだ。

投資の10カ条

1 完璧な投資家は存在しない。それでも投資をしないという選択肢はない

2 投資にタイミングはない。あるとすれば手元に資金があるときである

3 話題の投資には要注意。あくびが出る話に投資せよ

4 基本は「長期・分散」、複利効果でお金に働いてもらうこと

5 インデックスファンド・ETFに勝てるプロはまずいない

6 高い手数料は致命傷。金融機関は隠し事の天才

7 方針を決めたら変えない。ただし、年に一度はリバランス

8 市場の調整に動じない。たいていは「何もしない」が正解

9 投資は続けることが大事。上がれば万歳、下がったらより多く買えると考える

10 投資は人間修養である

謝辞

読者のみなさんにとって本書に高価な鍋敷き以上の効用があるとしたら、それは僕が感謝すべき幾人かの方々の支援、見識、努力のおかげだ。

まず妻ペネロペ・フォーティアに、本書執筆中の僕に対する忍耐、支援、励ましの言葉を感謝したい。

原著出版社ハリマンハウスのシニアエディターのクレイグ・ピアスには、本書の可能性を信じ、この世界に送り出してくれたことを感謝する。

リチャード・モリンにはこの本の企画を支えてくれたこと、スティーブン・A・ジャリスロースキ、ホセ・ジェフリー、マーク＝アンドレ・タルコット、イアン・ガスコンには心を開き、自らの歩みや仕事について語ってくれたことを感謝する。ピーター・アデニー、ヴァン＝アン・ホン、ジーン＝セバスチャン・ピロッテ、アンドリュー・ハラム、モーガン・ハウセル、モニッシュ・パブライにも感謝する。
ベロニク・ベルベとローレン・マコーマーには本書の初期の草稿に目を通し、僕の考えをはっきりさせてくれたことを感謝する。本書に何らかの過ちや抜けがあるとすれば、すべて僕の責任である。

エディション・ラ・プレスのジーン゠フランソア・ブシャール社長、ピエール・カユーテ出版局長に感謝する。コレット・レンスには優れた洞察と有益な提案に感謝している。

註解

1 Michael Lewis, *The Big Short: Inside the Doomsday Machine*, W. W. Norton & Company, 2010.（『世紀の空売り――世界経済の破綻に賭けた男たち』マイケル・ルイス著、東江一紀訳、文藝春秋、２０１０年）

2 Gregory Zuckerman, *The Greatest Trade Ever: The Behind-the-scenes Story of How John Paulson Defied Wall Street and Made Financial History*, Crown Business, 2009.（『史上最大のボロ儲け――ジョン・ポールソンはいかにしてウォール街を出し抜いたか』グレゴリー・ザッカーマン著、山田美明訳、阪急コミュニケーションズ、２０１０年）

3 Rupert Hargreaves, "Warren Buffett: Learn From Your Mistakes and Move Forward," Yahoo Finance, October 16, 2018.

4 Steven Novella, "Lessons from Dunning-Kruger," NeuroLogica blog, November 6, 2014.

5 Andrew Odlyzko, "Newton's financial misadventures in the South Sea Bubble," *Notes and Records*, August 29, 2018.

6 同右。

7 Independent publication, 2021.（『狂気とバブル——なぜ人は集団になると愚行に走るのか』チャールズ・マッケイ著、塩野未佳、宮口尚子訳、パンローリング、２００４年）

8 Andrew Edgecliffe-Johnson, "Lunch with the FT: Henry Blodget," *Financial Times*, November 15, 2013.

9 William Green, *Richer, Wiser, Happier: How the World's Greatest Investors Win in Markets and Life*, Scribner, 2021, p.3.（『一流投資家が人生で一番大切にしていること』ウィリアム・グリーン著、依田光江訳、早川書房、２０２３年）

10 Burton Malkiel, *A Random Walk Down Wall Street: The Time-Tested Strategy for Successful Investing*, W. W. Norton, 2009, p.264.（『ウォール街のランダム・ウォーカー——株式投資の不滅の真理』バートン・マルキール著、井手正介訳、日経ＢＰ 日本経済新聞出版、２０２３年）

11 ウォーレン・バフェット、バークシャー・ハサウェイの株主への手紙、２００８年版、Ｐ16。

12 SPIVA Website. 著者が２０２２年10月13日に確認。

13 "Missing Out: Millennials and the Markets," Ontario Securities Commission, November 27, 2017.

14 "Our results," Caisse de dépôt et placement du Québec website, 2021.

15 "Harvard's billion-dollar farmland fiasco," GRAIN report, September 6, 2018.

16 Tim Edwards et al, "SPIVA Institutional Scorecard Year-End 2021," S&P Global, September 8, 2022.

17 Gregory Zuckerman, "'This Is Unbelievable': A Hedge Fund Star Dims, and Investors Flee," *The Wall Street Journal*, July 1, 2018.

18 Burton Malkiel, *Random Walk*, p. 167.

19 David R. Harper, "Hedge Funds: Higher Returns or Just High Fees?" Investopedia, April 12, 2021.

20 Raymond Kerzérho, "The Terrible Truth about Hedge Funds," PWL Capital, August 23, 2021.

21 ウォーレン・バフェット、バークシャー・ハサウェイの株主への手紙、２０１６年版、Ｐ24。

22 Hendrik Bessembinder, "Do Stocks Outperform Treasury Bills?" Arizona State University, August 22, 2017.

23 Thomas Macpherson, "Bessembinder Rocks the Investment World," GuruFocus, October 19, 2017.

24 Ben Carlson and Michael Batnick, "A Random Talk with Burton Malkiel," Animal Spirits podcast, October 2, 2020.

25 同右。

26 Stephen J. Dubner, "The Stupidest Thing You Can Do With Your Money," Freakonomics podcast, September 21, 2017.

27 John C. Bogle, *The Little Book of Common Sense Investing: The Only Way to Guarantee Your Fair Share of Stock Market Returns*, Wiley, 2017, p. 184.（『インデックス投資は勝者のゲーム——株式市場から利益を得る常識的方法』ジョン・Ｃ・ボーグル著、藤原玄訳、パンローリング、２０１８年）

28 ウォーレン・バフェット、バークシャー・ハサウェイの株主への手紙、２０１６年版、Ｐ24。

29 Ben Carlson and Michael Batnick, op. cit.

30 Stephen A. Jarislowsky, *Dans la jungle du placement*, Les Éditions Transcontinental, 2005, p. 27.

31 Tim Edwards et al, "The Volatility of Active Management," S&P Global, August 2016.

32 Emmie Martin, "Warren Buffett wants 90 percent of his wealth to go to this one investment after he's gone," CNBC, February 27, 2019.

33 Charles V. Harlow and Michael D. Kinsman, "The Electric Day Trader and Ruin," *Pepperdine Graziadio Business Review*, 1999.

34 Brad M. Barber et al, "Trading Is Hazardous to Your Wealth: The Common Stock Investment Performance of Individual Investors," *The Journal of Finance*, April 2000.

35 William Bernstein, *The Four Pillars of Investing: Lessons for Building a Winning Portfolio*,

McGraw-Hill, Kindle version, 2010, p. 216.（『投資「4つの黄金則」』ウィリアム・バーンスタイン著、渡会圭子訳、ソフトバンクパブリッシング、２００３年）
36 John C. Bogle, *The Little Book of Common Sense Investing,* Wiley, 2017, Kindle format.
37 同右（p. 168）。
38 Roger Collier, "The challenges of physician retirement,"*Canadian Medical Association Journal,* January 16, 2017.
39 同右。
40 Daniel Solin, "Why Smart Doctors and Dentists Make Dumb Investors," AOL, December 23, 2009.
41 Jonathan Satovsky, "Smart People Can Make Stupid Investing Decisions," *Forbes*, August 16, 2012.
42 Oliver Sung, "Charlie Munger: 2021 Daily Journal Annual Meeting Transcript," Junto Investments, February 26, 2021.
43 Jason Zweig, "False profits," Jasonzweig.com, June 23, 2015.
44 David Zuckerman, "Initial Public Offerings Historical Returns," Financial Planning Association, January 31, 2012.
45 同右。

46 Alessio Emanuele Biondo et al, "Are Random Trading Strategies More Successful than Technical Ones?" *PLoS ONE,* July 11, 2013.
47 Retirement 101, "Returning to the Original Strategy," July 15, 2020.
48 同右。
49 Andrew Hallam, *Millionaire Teacher: The Nine Rules of Wealth You Should Have Learned in School,* Wiley, 2017.
50 Andrew Hallam, "Do I Regret Selling Stocks Worth $700,000?" Andrewhallam.com, September 2, 2011.
51 Claire Boyte-White, "How Dividends Affect Stock Prices," Investopedia, July 26, 2020.
52 Simon Sinek, *The Infinite Game,* Penguin, 2019, p. 12.
53 Fox Butterfield, "From Ben Franklin, a Gift That's Worth Two Fights," *The New York Times,* April 21, 1990.
54 Stephan A. Schwartz, "Ben Franklin's Gift that Keeps on Giving," *American History,* February 2009.
55 Myles Udland, "Fidelity Reviewed Which Investors Did Best And What They Found Was Hilarious," Business Insider, September 4, 2014.
56 Jim O'Shaughnessy, "Jason Zweig - Psychology, History & Writing," Infinite Loops podcast,

January 28, 2021.
57 "The Theft That Made The 'Mona Lisa' A Masterpiece," NPR, July 30, 2011.
58 Jennifer Booton, "Jim Cramer doesn't beat the market," MarketWatch, May 16, 2016.
59 Josh Brown, "Why I don't wake up to the news," thereformedbroker.com, June 4, 2019.
60 同右。
61 Benjamin Graham, *The Intelligent Investor: The Definitive Book on Value Investing,* Harper Business, p. 48.（『新 賢明なる投資家――割安株の見つけ方とバリュー投資を成功させる方法 上』ベンジャミン・グレアム、ジェイソン・ツバイク著、増沢和美、新美美葉、塩野未佳訳、パンローリング、２００５年）
62 "The 2018 forecast: rising risks to the status quo," Vanguard Canada, December 7, 2017.
63 Joe Chidley, "Gut feeling: U.S. rally will fizzle, Chinese stocks will surge and TSX will climb higher in 2017," *Financial Post,* December 29, 2016.
64 Guru Grades, CXO Advisory Group, https://www.cxoadvisory.com/gurus/
65 Larry Swedroe, "You Make More Money Selling Advice Than Following It," CBS News, May 20, 2010.
66 Craig Botham and Irene Lauro, "Climate change and financial markets," Schroders, February 2020.

67 Swiss Re Institute, "The economics of climate change: no action not an option," April 2021.
68 Christopher Flavelle, "Climate Change Could Cut World Economy by $23 Trillion in 2050, Insurance Giant Warns," *The New York Times*, April 22, 2021.
69 Nicolas Bérubé, "Un optimiste dans la grisaille," *La Presse Affaires*, February 19, 2013.
70 同右。
71 Walter Isaacson, *Benjamin Franklin: An American Life*, Simon & Schuster, 2003, p. 267.
72 Dana Anspach, "How to Handle Stock Market Corrections," *The Balance*, December 1, 2020.
73 Thomas Franck, "Here's how long stock market corrections last and how bad they can get," CNBC, February 27, 2020.
74 David Koenig, "Market Corrections Are More Common Than You Might Think," Charles Schwab Intelligent Portfolios, February 25, 2022.
75 Morgan Housel, *The Psychology of Money*, Harriman House, 2020, p. 160.（『サイコロジー・オブ・マネー――一生お金に困らない「富」のマインドセット』モーガン・ハウセル著、児島修訳、ダイヤモンド社、２０２１年）
76 Ben Carlson, "All-Time Highs Are Both Scary & Normal," A Wealth of Common Sense, November 29, 2019.
77 Ben Carlson, "2018 vs. 2019 in the Stock Market," A Wealth of Common Sense, January 21,

2020.

78 Ben Carlson, "What Happens After the Stock Market is Up Big?" A Wealth of Common Sense, April 11, 2021.

79 Garth Turner, "Suck it up," The Greater Fool, April 15, 2021.

80 William Green, *Richer, Wiser, Happier,* p. 75.

81 H. Nejat Seyhun, "Stock market extremes and portfolio performance," Towneley Capital Management, 1994.

82 Warren Buffett Investment Strategy, Plan For 2020, YouTube, December 4, 2019.

83 Nick Maggiulli, "Why Market Timing Can Be So Appealing," Of Dollars And Data, January 20, 2020.

84 Patrick O'Shaughnessy, "Trail Magic - Lessons from Two Years of the Podcast," Invest Like the Best podcast, September 18, 2018.

85 Ron Lieber, "Les femmes, meilleures Investisseuses que les hommes?" *La Presse,* October 30, 2021.

86 Nicholas Hyett, "Do women make better investors?" Hargreaves Lansdown, January 29, 2018.

87 Jason Zweig, "Just How Dumb Are Investors?" *The Wall Street Journal,* May 9, 2014.

88 John C. Bogle, "The Arithmetic of "All-In" Investment Expenses," *Financial Analysts Journal,*

2014.

89 Brett Arends, "The inventor of the '4% rule' just changed it," MarketWatch, October 22, 2020.

90 Phillip Brzenk, "The Impact of the Global Economy on the S&P 500," S&P Global, March 12, 2018.

91 Tim McAleenan, "John Bogle Doesn't Rebalance His Portfolio," The Conservative Income Investor, November 5, 2019.

92 "2019 RIA Industry Study: Total Average Fee is 1.17%," RIA in a box, July 23, 2019.

93 Financial Industry Regulatory Authority (FINRA) Website. 著者が２０２２年10月28日に確認。

94 Safal Niveshak, "A Story of Courage and Hope from the Life of Charlie Munger," safalniveshak.com, August 5, 2019.

95 同右。

訳者あとがき

出版社から本書の翻訳を打診されたとき、一見して「ないな」と思った。1年に1時間費やすだけで、個人投資家がプロを打ち負かす運用成績をあげて億万長者になる方法？　うさんくさい。私事になるが、翻訳家に転じる前は日本経済新聞の記者として家計面を担当し、資産運用の記事を書いていた。金融機関や著名投資家を日々取材し、自らも2級ファイナンシャル・プランニング技能士の資格を取得するなど知識を磨いた。投資の世界に「うまい話」などないし、金融知識が乏しいために老後の備えを投資で失う、あるいは備えができないという方々をたくさん見てきた。著者の懐を温めるだけの無益な本を翻訳する気は毛頭ない。でも読まずに断るのも失礼だし、イントロだけでも……と読みはじめたら止まらなくなった。こうして今、訳者あとがきを書いている。

本書はひと言でいえば、投資本の世界の〝オルカン〟〔オール・カントリーの略。それ1本買うだけで全世界の株式に分散投資できる全世界株式インデックスファンドのひとっ」だ。これから投資を始めようという方は、これ一冊読めばいい。知っておくべきことはすべて入っている。なぜ個別銘柄ではなく、指数連動型の投資信託やETFを選ぶべきか、これほどわかりやすく説得力のある説明にはなかなかお目にかかれない。世の中が新NISAだなんだとうるさいから、とりあえず月5000円ずつ投資を始めてみたという方にもぜひおススメしたい。「積立プラスほったらかし」は本書の勧める投資法ではあるが、理屈を知ってほったらかすのとそうでないのとでは、市場が荒れたときの対処法がまったく変わってくるはずだ。

著者ニコラ・ベルベはカナダの大手新聞『ラ・プレス』の記者で、本書は二〇二二年一月にカナダで出版されてベストセラーとなった。その理由はハードルの高そうな投資の世界を、的確なデータやエピソードでわかりやすく描き出しているためだけではないと私は思う。自ら投資で失敗した過去を持ち、市場暴落時の投資家の不安や損をしたときの悲しみを自分事として知っているからだ。その語り口は親切な隣のアニキである。

読者の皆さまが経済的自由を手に入れるために本書がその一助となれば幸いだ。

二〇二四年九月　　土方奈美

ニコラ・ベルベ　1977年カナダ・ケベック州生まれ。記者、金融ジャーナリスト。同国の大手新聞ラ・プレス初の米国西海岸特派員。ジャーナリストとして各賞を受賞している。本書は二作目の著書。

土方奈美　1971年東京生まれ。翻訳家。慶應義塾大学文学部卒業後、日本経済新聞社にて記者を務め、独立。米モントレー国際大学院で翻訳修士号取得。米国公認会計士、ファイナンシャル・プランナー。

Ⓢ新潮新書

1062

年《ねん》1時間《じかん》で億《おく》になる投資《とうし》の正解《せいかい》

著　者　ニコラ・ベルベ
訳　者　土方奈美《ひじかたなみ》

2024年10月20日　発行
2024年11月15日　2刷

発行者　佐　藤　隆　信

発行所　株式会社 新潮社
〒162-8711　東京都新宿区矢来町71番地
編集部(03)3266-5430　読者係(03)3266-5111
https://www.shinchosha.co.jp
装幀　新潮社装幀室

印刷所　錦明印刷株式会社
製本所　錦明印刷株式会社

ISBN978-4-10-611062-7　C0233